THÉATRE
INTIME

Par HIC

———

TOME TROISIÈME

MARSEILLE
TYPOGRAPHIE ET LITHOGRAPHIE J. CAYER
Rue Saint-Ferréol, 57

1887

THÉATRE INTIME

THÉATRE INTIME

Par HIC

TOME TROISIÈME

MARSEILLE
TYPOGRAPHIE ET LITHOGRAPHIE J. CAYER
Rue Saint-Ferréol, 57

1887

UN GENDRE INACCEPTABLE

COMÉDIE-BOUFFE EN UN ACTE

A mon vieil ami Adolphe Meyer.

PERSONNAGES :

Jacques VERDUREL, ancien restaurateur.
ALBERT, courtier.
AUGUSTE, coiffeur.
VALÉRIE, fille de Verdurel.
MARGARITA, danseuse.
THÉRÈSE, servante.

~~~~~~~~~~

La scène se passe à Marseille.

UN GENDRE INACCEPTABLE

Un salon. — Porte dans le fond. — A droite, premier plan, un guéridon sur lequel se trouvent des journaux et une corbeille contenant un travail de broderie. — A gauche, un canapé. — Portes latérales au second plan. — Des chaises.

SCÈNE PREMIÈRE.

VERDUREL, *étendu sur le canapé;* VALÉRIE, *brodant, assise près du guéridon.*

VERDUREL, *il se lève vivement, en jetant sur le guéridon le journal qu'il lisait.*

Canailles de chimistes!...

    VALÉRIE, *surprise.*

Qu'avez-vous, papa?...

    VERDUREL

Je lis que tous nos aliments, oui, tous nos aliments, jusqu'au cornichon, sont frelatés.

    VALÉRIE, *riant.*

Eh quoi! ce pauvre cornichon n'a pas même trouvé grâce devant nos savants?

    VERDUREL

Sais-tu comment on obtient sa couleur?

    VALÉRIE

Non.

VERDUREL

En le faisant confire (*appuyant*) dans du vert-de-gris. Croirais-tu que l'on fait du poivre avec de la poudrette?

VALÉRIE

De la poudrette?... Qu'est-ce que c'est que ça?

VERDUREL, *à part.*

Je suis bien embarrassé pour répondre proprement à cette question. (*Haut.*) C'est une substance,... une matière... qui est le résultat de notre... digestion. Ce résidu est desséché et mis en poudre pour servir à l'agriculture.

VALÉRIE

Et nous assaisonnerions nos ragoûts, nos salades avec un pareil condiment?... (*)

VERDUREL, *à lui-même, en soupirant.*

C'est peut-être déjà fait! Pouah!... (*Haut.*) Avec toutes les sophistications que les chimistes font subir à notre nourriture, on est surpris qu'il y ait tant d'estomacs délabrés... Il faudrait des autruches pour digérer les comestibles et les boissons que l'on vend aujourd'hui.

VALÉRIE

Quand vous étiez restaurateur, n'avez-vous pas, vous aussi, livré à vos pratiques des aliments un peu suspects?...

(*) Adolphe Berton, le candidat humain, obtint au concours d'Évreux, une mention honorable pour une excellente huile à manger, provenant des boues de Paris. Cette huile excellente des boues de Paris fit une profonde sensation. Beaucoup de personnes, ennemies du progrès, n'osèrent plus manger de salade.

(*Monde Illustré,* 8 août 1833).

VERDUREL

Jamais... J'ai ;u mettre de l'eau dans le vin ; — cela s'appelle mouiller,... additionner ; — mais, s'il était un peu clair, il avait du moins l'avantage d'être naturel.

VALÉRIE, *riant.*

Tandis que celui que l'on boit maintenant est surnaturel.

VERDUREL

Pénétré de mes devoirs professionnels, je cherchais à réconforter les estomacs qui m'honoraient de leur confiance... Si la chimie continue de mettre son nez dans les casseroles, c'en est fait de l'art culinaire ; les restaurateurs, au lieu d'être des conservateurs...

VALÉRIE, *l'interrompant.*

Papa, n'employez pas ce mot-là, il pourrait nuire à votre élection.

VERDUREL

C'est juste. Les restaurateurs, au lieu d'être des réparateurs, ne seront plus que des destructeurs.

VALÉRIE, *riant.*

Il faut s'incliner devant le progrès.

VERDUREL

Singulier progrès qui nous empoisonne à petites doses. Cela m'exaspère, moi qui ne voudrais jamais mourir !...

VALÉRIE

Parce que vous êtes heureux.

VERDUREL

Grâce à toi, mon enfant (*s'approchant de Valérie*);

aussi, quand je pense que tu vas te marier, il me semble que mon bonheur touche à son déclin.

VALÉRIE

Que dites-vous là, papa?

VERDUREL

Tes soins, tes petites attentions seront désormais pour ton mari.

VALÉRIE

Ce serait douter de mon cœur : mon devoir d'épouse ne me fera jamais oublier ce que je dois à mon père.

VERDUREL

Tu le vois, Valérie, tu brodes la chemise de noces de ton futur, tandis que j'attends (*appuyant*) depuis huit jours que tu me raccommodes mes bretelles. Le prétendu passe avant le père... On se détache de ce qui s'en va pour s'attacher à ce qui vient... (*A part.*) Il ne faut pas lui en vouloir, c'est dans la nature.

VALÉRIE

J'aime monsieur Albert; mais j'ai peur que son affection pour moi ne soit pas entièrement désintéressée, et qu'il ne soit plus épris de ma dot que de ma personne.

VERDUREL

Les renseignements que j'ai recueillis lui sont très favorables... C'est un jeune homme rangé. Il exerce une profession qui lui donne de gros bénéfices... Je conviens qu'il ne déteste pas l'argent. Mais, à cause des dépenses nécessitées par le mariage, quel est le prétendu qui ne s'enquiert pas de la dot?

VALÉRIE, *câlinant*.

Cher papa, vous qui êtes si ingénieux, tâchez donc de trouver un moyen pour savoir si Albert m'aime sérieusement, s'il n'a pas quelque intrigue?

VERDUREL

Dans ma jeunesse, j'ai fait du magnétisme, j'y avais même obtenu des succès... Si j'essayais... (*Il fait les gestes d'un magnétiseur.*) Je sens que j'ai encore du fluide.

VALÉRIE

Il faudrait pour cela avoir un objet qu'Albert eût porté.

VERDUREL

Un mouchoir, un gant...

VALÉRIE

C'est facile à se procurer.

VERDUREL

Je lui prendrai son mouchoir sans qu'il s'en aperçoive. Théréson, notre servante, me paraît lucide... Je l'endormirai, et elle nous apprendra ce que tu désires savoir.

VALÉRIE

Je crois entendre monsieur Albert.

VERDUREL

Cause avec lui pendant que je vais faire le coup.

SCÈNE II.

LES MÊMES, ALBERT, *il porte une canne et un bouquet.*

ALBERT, *entrant.*

Salut à ma charmante future et à l'aimable auteur de

ses jours! (*Il place sa canne près d'une chaise.*) Mademoiselle Valérie, voici des fleurs que j'ai cueillies pour vous.

VALÉRIE

Je vous remercie non seulement pour elles, mais parce que, en les cueillant, vous avez pensé à moi.

ALBERT

Toutes mes pensées sont pour vous, et mon bonheur serait complet si les vôtres...

VALÉRIE

Les miennes? (*Lui montrant la broderie.*) Voilà qui répond pour moi.

VERDUREL, *à part, en regardant où se trouvent les poches d'Albert.*

Où tient-il son mouchoir?... Est-ce à droite ou à gauche?

ALBERT, *regardant la broderie.*

Vous avez des mains de fée... (*surpris.*) A. V. Nos initiales : Albert, Valérie!...

VALÉRIE

Entrelacées dans une guirlande de roses...

ALBERT

C'est d'un heureux présage.

VALÉRIE

Dieu veuille que cette guirlande ne devienne pas une chaîne!...

ALBERT

Elle ne sera jamais qu'un agréable lien.

VERDUREL, *qui s'était tenu derrière Albert pour voir les poches de celui-ci.*

Ma fille brode votre chemise de noces et laisse son père sans bretelles... Depuis huit jours, elle doit les raccommoder... (*Se frappant le front et à part.*) Une idée!... (*Haut.*) Vous n'en auriez pas à me prêter?...

ALBER

Je n'en porte pas.

VERDUREL, *désappointé.*

C'est un tort... Il faut éviter de se serrer la taille... Cela gêne la circulation du sang et peut amener de graves perturbations dans la santé.

ALBERT, *surpris.*

Vous parlez comme un médecin.

VERDUREL

Je parle comme un ancien restaurateur à la carte, renommé pour la supériorité de ses produits. Afin de forcer la consommation, je recommandais à mes clients de porter des bretelles. Rappelez-vous, a dit un philosophe, que le bonheur de l'homme consiste dans une bonne digestion.

ALBERT

Votre conseil est bon!... Je le suivrai.

VALÉRIE, *bas.*

Si j'écoutais mon père, je ne porterais pas de corset.

ALBERT, *amoureusement.*

Parce qu'il vous est inutile.

VERDUREL, *à part.*

Il faut en finir... (*Haut, en le regardant.*) Vous avez

du blanc sur la joue... Donnez-moi votre mouchoir pour que je vous... l'enlève.

ALBERT, *donnant son mouchoir.*

Qu'est-ce que cela peut être ?

VERDUREL, *frottant la joue.*

Sans doute de la poudre de riz que votre barbier aura négligé d'essuyer... Il n'y a plus rien... (*Il garde le mouchoir et changeant de ton.*) Comment vont les affaires?... Le prix des blés se maintient-il?... (*Il met le mouchoir dans sa poche.*)

ALBERT

Ils sont à la hausse.

VERDUREL

Les détenteurs vont s'enrichir au détriment des consommateurs.

ALBERT

C'est toujours aux dépens de quelqu'un que l'on s'enrichit. (*Il éternue.*)

VERDUREL

Que Dieu vous bénisse !...

ALBERT, *cherchant dans ses poches.*

Je viens de m'enrhumer... Où donc est mon foulard ?

VERDUREL, *à part.*

Sapristi !... j'ai manqué le coche... (*Haut, en regardant par terre.*) Votre foulard ?... je ne le vois pas... vous l'aurez perdu.

ALBERT

Je vous l'ai donné.

VERDUREL

Vous croyez?... (*Il le rend après l'avoir cherché dans ses poches.*) C'est une distraction... Il y a des moments où notre esprit bat la campagne... C'est dans la nature...

THÉRÈSE, *entrant, un plumeau sous le bras.*

Le chocolat est servi.

VALÉRIE, *saluant.*

Monsieur Albert, à bientôt. (*Elle entre à droite.*)

VERDUREL

Mon gendre, au revoir. (*Il prend, en sortant, la canne d'Albert.*)

ALBERT

Beau-père, vous emportez ma canne!

VERDUREL, *revenant sur ses pas.*

Je ne m'explique pas mes distractions. Il faudra que je consulte mon médecin... (*A part, en entrant à droite.*) Je n'ai pas de chance.

SCÈNE III.

ALBERT, THÉRÈSE.

ALBERT, *à lui-même, se promenant.*

Me serais-je trompé sur le compte de cet homme?... Il me demande mes bretelles, il s'empare de ma canne, il me chipe mon mouchoir. Faire le foulard à son gendre, quand, d'après nos usages sociaux, c'est le gendre qui le subtilise à son beau-père... Et il a l'impudence de donner le nom de distractions à ses escroqueries!...

THÉRÈSE, *regardant la broderie.*

Que c'est donc joli ce que fait là mademoiselle!...

ALBERT, *surpris*.

C'est toi, Théréson?... Approche et réponds-moi carrément?... (*Il prend son porte-monnaie.*)

THÉRÈSE

Je vous écoute.

ALBERT

Tu es de la Gascogne (*montrant le porte-monnaie*), et je sais que les filles de ton pays sont toujours disposées à rendre service.

THÉRÈSE, *minaudant*.

C'est selon ce qu'on leur demande...

ALBERT

Ton maître est-il riche?

THÉRÈSE

Je voudrais bien l'être comme lui... Il a des maisons et puis de gros paquets de papiers imprimés dont il coupe de petits morceaux de temps à autre... Ce sont...

ALBERT

Des coupons. (*Bas.*) As-tu remarqué si ton maître a de mauvaises habitudes?

THÉRÈSE

Monsieur mange, boit, dort et vit comme tout le monde.

ALBERT

Depuis que tu es à son service, ne t'aurait-il . . rien escamoté à toi ou à d'autres personnes?

THÉRÈSE, *surprise*.

Oh! quelle abomination!... Croire que monsieur;... lui, un si brave homme!...

ALBERT, *cherchant dans son porte-monnaie.*
N'as-tu jamais vu venir ici des gens de justice ?

THÉRÈSE
Jamais.

ALBERT, *même jeu.*
Je voulais te donner une pièce...

THÉRÈSE
De vingt francs ?

ALBERT
Précisément, et je n'ai que de petites pièces.

THÉRÈSE, *tendant la main.*
Donnez-m'en plusieurs. Les petits ruisseaux font les grandes rivières.

ALBERT, *fermant son porte-monnaie.*
Tu ne perdras rien pour attendre... Je te promets pour le jour de mes noces un cadeau dont tu seras satisfaite, pour ne pas dire stupéfaite...

THÉRÈSE, *désappointée.*
C'est égal, il faut être bien méchant pour douter de l'honnêteté de monsieur, pour oser dire que c'est (*appuyant*) un voleur...

ALBERT, *bas.*
Pas un mot de plus, sinon tu n'auras pas un sou de moi...

VERDUREL, *appelant de la chambre de droite.*
Théréson !...

THÉRÈSE, *sortant vivement.*
Ah ! j'ai oublié de faire chauffer l'eau pour monsieur.

2

ALBERT, à *lui-même*.

Serait-ce chez lui une monomanie ?... Cela donne à réfléchir... (*Il va pour sortir.*)

SCÈNE IV.

ALBERT, AUGUSTE.

AUGUSTE, *entrant*.

Serviteur, monsieur Albert ; votre mariage avance-t-il ? Quand nous ferez-vous manger des dragées ?

ALBERT

Dans une quinzaine... J'ai mis ce matin le faux toupet que vous m'avez confectionné (*se découvrant*) ; les cheveux que vous avez employés ne me paraissent pas conformes aux miens.

AUGUSTE, *les touchant*.

Ils sont au contraire d'une parfaite ressemblance, comme couleur et comme souplesse, et je défie l'œil le plus exercé d'y trouver une différence.

ALBERT

Mon miroir m'aura trompé.

AUGUSTE

J'ai eu bien du mal pour me procurer des cheveux identiques aux vôtres. C'est une danseuse de théâtre, une Italienne, qui a mis sa belle chevelure à ma disposition... Ça été pour elle un grand sacrifice...

ALBERT, *riant*.

Alors ce sera salé !

AUGUSTE, *riant.*

Nous ne nous prendrons pas aux cheveux pour votre toupet.

ALBERT

Laissons cela... Y a-t-il longtemps que vous rasez monsieur Verdurel ?

AUGUSTE

Une dizaine d'années.

ALBERT

A-t-il une bonne réputation ?

AUGUSTE

Excellente.

ALBERT

Ne lui connaissez-vous aucun défaut ?

AUGUSTE

Aucun.

ALBERT

C'est donc un homme parfait ?

AUGUSTE, *bas.*

Il n'aurait qu'un faible pour le beau sexe... Il est veuf (*riant*), et vous comprenez...

ALBERT, *riant.*

Qu'il ne peut pas toujours pleurer sa femme.

AUGUSTE

Du reste, il n'y a point à craindre qu'il se ruine, il est d'une ladrerie... (*Il se retourne et voit entrer Margarita.*) Ah ! voici Margarita !... (*bas*) celle qui m'a fourni les cheveux de votre faux toupet... Avouez que c'est une superbe créature !

ALBERT

Je vous laisse... (*Il salue Margarita en sortant.*) Madame...

SCÈNE V.

AUGUSTE, MARGARITA, *elle a l'accent italien.*

MARGARITA, *le regardant sortir.*

Ce monsieur, il est fort bien... Est-il riche?

AUGUSTE

Voilà ce dont tu t'informes, dès que tu vois un homme.

MARGARITA

Vi z'êtes si chanzeants, vous autres.

AUGUSTE

C'est pour cela que tu veux en avoir toujours un en réserve.

MARGARITA

Serais-tu zaloux, Gugusto?... Si Verdurel il est mon amant, ce n'est que pour ses écus, tandis que toi, c'est pour le cœur.

AUGUSTE

Que tu es imprudente!... Ta présence ici va mettre Verdurel hors de ses gonds.

MARGARITA

Ze viens lui tirer une carotte... C'est demain ta fête et ze veux te faire présent d'une montre avec la zifetière.

AUGUSTE

Comment pourrai-je te rendre les bontés que tu as pour moi?...

MARGARITA

En m'aimant comme zé t'aime.

AUGUSTE

Tu es Italienne... Tu es née sur le sol que le Vésuve couvre de ses laves... Eh bien! Margarita, ce volcan est de l'eau frappée en comparaison des feux que tu as allumés en moi!...

MARGARITA, *amoureusement.*

E véro?...

AUGUSTE

Bien vrai!... (*A part.*) Comme elle avale ça!... (*Haut.*) La meilleure preuve que je puisse te donner de mon amour, c'est que toutes les fois que je rase ton imbécile de Verdurel (*appuyant*), je lui dis que tu l'adores, que tu l'idolâtres, et qu'il ne saurait se montrer trop généreux pour une aussi splendide femme.

MARGARITA, *soupirant.*

O caro Gugusto! crois bien que je ne voudrais être qu'à toi seul!...

AUGUSTE, *à part, en riant.*

Toutes mes maîtresses m'ont tenu le même langage... (*Haut.*) Que n'ai-je des millions à déposer à tes pieds!

MARGARITA

A quoi bon la fortune?... Un plat de macaroni et ton cœur, voilà quelle serait pour moi la suprême félicité!

AUGUSTE

L'ardente passion que tu m'as inspirée ne pourrait se contenter de macaroni... Elle a besoin d'être soutenue par des mets plus réconfortants... Continue de gagner des rosbifs arrosés de vin de Bordeaux et nous vivrons heureux.

MARGARITA, *l'embrassant.*

Dis-moi encore que tu m'aimes?

AUGUSTE, *la pressant dans ses bras.*

Oui, Margarita, je t'aime comme jamais Roméo n'aima sa *Joliette!...*

SCÈNE VI.

LES MÊMES, VERDUREL, puis VALÉRIE.

VERDUREL, *entrant avec une serviette autour du cou.*

Mon eau n'est pas chaude... (*Il voit Margarita et Auguste dans les bras l'un de l'autre.*) Que vois-je?...

MARGARITA, *avec embarras.*

C'est ton coiffeur qui...

AUGUSTE, *bas.*

Laisse-moi faire. (*Haut.*) Je donnais à mademoiselle une leçon pour le rôle qu'elle va interpréter dans un nouveau ballet.

VERDUREL

Je ne vous savais pas maître de danse.

AUGUSTE

Étant le coiffeur de plusieurs dames du corps de ballet, j'ai appris...

VERDUREL

A coiffer leurs amants.

AUGUSTE

J'ai pour habitude de respecter les femmes et surtout (*appuyant*) les maîtresses de mes clients.

VERDUREL

Ce serait là une délicatesse qui vous honorerait... Voyez-vous, quand on tient la tête d'une femme, on n'est pas loin de tenir le reste. C'est dans la nature.

AUGUSTE, *avec fatuité*.

Je n'ai jamais, je vous le répète, abusé de mon influence.

VERDUREL

Ah! si j'avais exercé votre métier, c'est moi qui en aurais fait des farces!...

AUGUSTE, *riant*.

Comme restaurateur, vous avez dû en faire de bien bonnes.

VERDUREL, *surpris*.

Vous avez de l'esprit... (*à part*) celui de ses clients...

AUGUSTE

J'allais vous dire que, par suite de l'expérience que j'ai acquise depuis que je fréquente les théâtres, j'indiquais à mademoiselle, la chaleur, la passion qu'elle devra montrer dans la situation à rendre.

MARGARITA

Situation brûlante...

AUGUSTE

Une réconciliation, après un accès féroce de jalousie, entre mari et femme, deux vrais tigres du Bengale. Quand vous êtes entré, j'enseignais à notre charmante ballerine comment il fallait chauffer l'action.

VERDUREL, *riant*.

Eh! eh!... d'après ma jugeotte, vous la chauffiez

d'une manière assez satisfaisante pour... elle et pour vous...

AUGUSTE

Est-ce que vous supposeriez?...

MARGARITA, *en lui prenant la main.*

O caro amico! tu soupçonnerais ma fidélité?

AUGUSTE

Ce serait bien mal nous juger que de nous croire capables de trahir votre confiance.

MARGARITA, *elle veut l'embrasser.*

Moi, tromper mon bon Giacomo, qui a tant d'attachement pour sa Margarita!...

VALÉRIE, *entrant.*

Papa, Théréson va vous apporter votre eau... (*Elle va pour s'asseoir.*)

VERDUREL

Je me ferai raser plus tard. (*Il dénoue sa serviette et la donne à Valérie.*) Emporte cela et rentre au plus vite. Tu attendras que je t'appelle.

VALÉRIE, *bas.*

Quelle est cette dame?

VERDUREL, *embarrassé.*

C'est la femme de l'un de mes locataires... Elle vient pour des réparations...

VALÉRIE

Ma présence semble vous contrarier?...

VERDUREL, *même jeu.*

Moi?... Pas du tout... (*Bas.*) Cette dame est étrangère,

et devant toi, elle n'oserait pas... (*A part.*) Je patauge... (*Haut, en l'accompagnant.*) Allons, mademoiselle, obéissez à votre père. (*Elle sort.*)

MARGARITA, *bas à Auguste.*

Z'ai bien peur de ne pas réussir pour le cadeau.

AUGUSTE, *bas.*

Une femme aussi ravissante que toi n'a qu'à vouloir.

VERDUREL

Auguste, vous êtes agité et moi fortement agacé. Si vous me rasiez dans de telles conditions, vous pourriez endommager mon visage... Il vaut mieux remettre l'opération à ce soir... (*Bas.*) Et puis, j'ai à dire un mot à Margarita, afin qu'elle s'en aille au plus tôt.

MARGARITA, *bas à Auguste.*

Chez moi, dans une heure.

AUGUSTE, *bas.*

J'y serai. (*Il sort.*)

SCÈNE VII.

MARGARITA, VERDUREL.

MARGARITA

Enfin, nous sommes seuls.

VERDUREL

C'est ce que je désirais pour te prier de prendre la porte. (*Indiquant le fond.*)

MARGARITA

Ah! c'est ainsi que tu me reçois!...

VERDUREL

Je t'ai défendu (*appuyant*) de m'honorer de tes visites. Je suis père de famille, propriétaire de la maison que j'habite, et de plus, candidat aux prochaines élections municipales... Quelle opinion aurait-on de moi, si l'on savait que j'introduis dans ma demeure des femmes, des figurantes de théâtre!...

MARGARITA

Et tu m'interdis l'entrée de ta maison pour de pareils motifs?... O Giacomo! que tu es cruel!... Moi qui ai renoncé pour toi à une brillante position!...

VERDUREL, *riant*.

Ah! ah!... parlons-en de la brillante position! Quand je t'ai connue, tu étais la maîtresse d'un clerc d'avoué, qui t'administrait des râclées toutes les fois que tu lui demandais de l'argent.

MARGARITA

Parce qu'il m'aimait.

VERDUREL

Si c'est en rossant une femme qu'on lui témoigne son affection, j'ai bien envie d'en faire autant... Oui, oui, je te flanquerai des râclées au lieu de te donner de l'argent, et tu diras : « Oh! comme il m'aime, ce bon Verdurel!... »

MARGARITA

Tu n'es pas zaloux, toi.

VERDUREL

Non; mais je le deviendrai, si cela doit me procurer des économies... Finissons-en... Je suis sur des charbons ardents... Ma fille peut nous entendre, nous surprendre. Que me veux-tu?

MARGARITA

Il faut que tu me rendes un service; que tu me prêtes trois cents francs.

VERDUREL

Va-t-en au diable!... Est-ce qu'on prête de l'argent à sa maîtresse!... Le mot prêter est bien trouvé...

MARGARITA

Je te les rendrai, et, si tu doutes de ma parole, je te signerai une reconnaissance.

VERDUREL, *riant.*

Ah! ah! elle est bonne celle-là... Et si tu ne tenais pas tes engagements?

MARGARITA

Tu m'attaquerais devant les tribunaux.

VERDUREL

Qui me débouteraient de ma demande et me condamneraient encore aux frais.

MARGARITA

Comment cela?

VERDUREL

Ton avocat prouverait que tu m'as rendu cette somme non pas en espèces, mais en une autre monnaie... Et il aurait encore l'effronterie d'ajouter que je suis un misérable (*appayant*), un fripon, pour avoir réclamé à une malheureuse femme de l'argent qu'elle m'avait remboursé... Je les connais les avocats... Ils prouvent tout ce que l'on veut.

MARGARITA, *feignant de pleurer.*

Sacrifiez donc votre zeunesse, votre beauté à un homme, puis, pour une misère...

VERDUREL, *avec ironie.*

Il faut que madame soit bien riche, puisque trois cents francs sont pour elle une misère.

MARGARITA, *colère.*

Verdurel, ze suis Italienne, et si tu me refuses ce que ze te demande *(le menaçant)*, ze te...

VERDUREL, *riant.*

Tu me poignarderais... Je vois avec plaisir que tu as conservé les bonnes traditions de ton pays...

MARGARITA, *se radoucissant.*

Caro Giacomo!... *(Elle va pour l'embrasser.)* Allons, ne fais pas le méchant!...

VERDUREL, *s'éloignant.*

Je te prie de ne plus m'appeler Giacomo... Je me nomme Jacques... Tes menaces comme tes protestations d'amour ne me feront pas donner un centime... Je suis de bronze, moi!...

MARGARITA, *feignant de pleurer.*

Tu ne m'aimes plus, moi qui suis pleine de reconnaissance pour tes bienfaits!...

VERDUREL, *riant.*

Je sais de quelle manière on pratique la reconnaissance là-bas, au-delà des Alpes. Tu dis que je ne t'aime plus... Attends *(retroussant ses manches)*, c'est à la façon du clerc d'avoué, mon prédécesseur (*la menaçant*), que je veux te prouver mon amour.

MARGARITA, *s'éloignant*.

Ton refus brisera ma carrière... Il va me forcer à rompre mon engagement et à quitter la scène où l'avenir me réservait tant de succès.

VERDUREL

Ces gens de théâtre ont d'étranges illusions. Le moindre bouche-trou se croit appelé à devenir un grand premier rôle ; et toi, simple figurante, tu te figures d'éclipser un jour la première danseuse de l'Opéra.

MARGARITA

Z'y arriverai, si tu m'aides... Sonze que z'ai à chanzer trois fois de costume dans le ballet qui est en répétition.

VERDUREL

Et que m'importe à moi ton ballet !... Margarita, va-t-en !...

MARGARITA

Ze ne sortirai qu'avec les trois cents francs.

VERDUREL

Écoute-moi, je vais te donner...

MARGARITA, *sautant de joie*.

Oh! merci, carissimo amico !...

VERDUREL

Je vais te donner un conseil, c'est que si tu reparais dans mon domicile, je brise avec toi.

MARGARITA

Tu ne le feras pas. (*Minaudant.*) Verdurel, allons, sois zentil.

VERDUREL

Inutile d'insister... Je te l'ai dit, je suis de bronze...

MARGARITA

Alors ze ferai un esclandre... ze sens que ze vais avoir mes nerfs.

VERDUREL, *montrant la porte.*

Sors, sinon je...

MARGARITA, *elle va pour sortir, puis revient.*

Eh bien! non, ze ne sortirai pas!... Il faut que ta fille, les locataires et tes électeurs m'entendent. (*Haut.*) Verdurel, tu as abusé de mon innocence, de ma faiblesse, et c'est avec du poison que ze me venzerai, si tu ne me comptes pas (*plus haut*) trois cents francs...

VERDUREL

Tais-toi, fille des Borgia!... Je te remettrai cette somme; mais, au nom du ciel, file, file au plus vite!

MARGARITA, *à part.*

Il a peur, c'est bon à savoir... (*Haut.*) Fais attention qu'il me faut cela avant ce soir... Caro Giacomo (*elle veut l'embrasser*), io t'amo!...

VERDUREL, *se dégageant.*

Garde tes caresses pour un autre moment (*lui montrant la porte.*) et fais-moi le plaisir...

MARGARITA, *à part.*

Gugusto aura la montre et la ziletière. (*Elle sort en lui envoyant des baisers.*) Addio, caro amico!..

SCÈNE VIII.

VERDUREL, *seul, descendant la scène.*

Que la peste l'étouffe!... (*La contrefaisant.*) Io t'amo, Giacomo!... Va, va, je sais ce que tu aimes... C'est mon barbier qui m'a fait connaître Margarita... Elle est, d'après lui, d'une constance à toute épreuve... Croire à la fidélité de ces farceuses ne m'est plus guère possible; car, depuis neuf ans que j'ai perdu ma pauvre femme, j'en suis à ma dix-septième maîtresse... Leur perfidie (*riant*) m'amuse par la variété. « L'homme absurde est celui qui ne change jamais, » a dit un poète... Grâce à l'inconstance de nos belles petites, j'ai mis souvent ce précepte en pratique. (*Se promenant.*) Trois cents francs, c'est raide... Je les ai promis afin de m'épargner une scène. Mais j'oublie que ma fille attend. (*Il va ouvrir la porte.*) Valérie, tu peux entrer. (*A part.*) Trois cents francs pour des costumes... Je tâcherai d'obtenir un rabais.

SCÈNE IX.

VERDUREL, VALÉRIE.

VALÉRIE, *entrant.*

Papa, vous avez l'air soucieux.

VERDUREL, *embarrassé.*

Cette locataire est d'une exigence...

VALÉRIE, *elle s'assied et prend sa broderie.*

Elle vous réclamait trois cents francs.

VERDUREL, *même jeu.*

Elle veut changer tous les papiers, repeindre les boiseries... Tu as entendu trois cents francs ; rien de plus, n'est-ce pas ?

VALÉRIE

Rien de plus.

VERDUREL, *à part.*

Pourvu qu'elle dise vrai !... (*Haut.*) Voilà à quoi on est exposé quand on a des maisons... Et il y a tant de gens qui voudraient en avoir !...

VALÉRIE, *riant.*

Même sur la Cannebière... Albert se fait bien attendre.

VERDUREL

Je n'ai pu obtenir de lui ce que je désirais... Tu l'as vu, je n'ai rien négligé pour te complaire... Mais j'ai une idée, et cette fois-ci je suis sûr de réussir... On monte, ce doit être lui... (*Entrant vivement à gauche.*) Je vais chercher ce qui m'est nécessaire pour l'opération.

SCÈNE X.

VALÉRIE, ALBERT, puis VERDUREL.

VALÉRIE, *surprise.*

Pour l'opération !... Qu'est-ce qu'il va donc faire à mon futur ?...

ALBERT, *à part, en entrant.*

Les informations que je viens de prendre sur mon beau-père sont des plus satisfaisantes ; seulement, il passe pour avoir un caractère peu sérieux... (*Il vient près de Valérie.*) Excusez-moi, si je suis entré sans frapper ; j'ignorais que vous fussiez seule.

VALÉRIE

Vous devez vous considérer ici comme chez vous.

ALBERT

Comme chez moi ?

VALÉRIE

Puisque vous allez devenir mon mari.

VERDUREL, *il entre en montrant des ciseaux, à part.*

Avec cela, je ne manquerai pas mon coup. (*Haut, en cachant les ciseaux dans sa poche.*) Ah ! vous êtes là, mon gendre ?... Ma fille trouve que vous faites de longues absences.

ALBERT

Ce mot est charmant... Croyez, chère Valérie, que, si cela ne dépendait que de moi, je voudrais passer ma vie à vos genoux... Mais il faut penser aux affaires.

VERDUREL

L'homme ne vit pas que d'amour, il a d'autres exigences à satisfaire... C'est dans la nature.

ALBERT

L'amour véritable rend l'homme ambitieux, moins pour lui que pour sa femme et les enfants qu'il pourra en avoir.

VERDUREL

Voilà qui est bien raisonné... Mon gendre, vous avez un chapeau qui me plaît.

ALBERT, *l'ôtant.*

Permettez-moi de rester couvert, je suis enrhumé.

VERDUREL, *prenant le chapeau.*

Comme il est soyeux !

ALBERT, *à part.*

Est-ce qu'il voudrait m'escamoter mon chapeau ?

VERDUREL, *se mettant le chapeau.*

Il a une jolie forme... Il me va comme un gant... Valérie, trouves-tu qu'il me coiffe bien ?

VALÉRIE

On ne peut mieux. Monsieur Albert a bon goût.

ALBERT

Je l'ai prouvé quand je vous ai demandée en mariage.

VERDUREL

Asseyez-vous près de ma fille et lisez mon journal ; il vous donnera le cours des blés.

ALBERT, *s'asseyant.*

Je vous obéis avec le plus grand plaisir. (*Bas, en baisant la main de Valérie.*) Quelle jolie petite main !

VALÉRIE, *bas.*

Eh quoi ! vous osez devant papa !...

ALBERT, *bas.*

Puisque je suis dans les blés, il n'y a rien d'étonnant (*même jeu*) que j'y cueille quelques bluets...

VALÉRIE, *bas.*

Albert, soyez sage !...

VERDUREL, *il prend ses ciseaux et vient à petits pas couper une mèche des cheveux d'Albert.*

Crac !... Je les tiens !...

ALBERT, *se levant vivement.*

Beau-père, êtes-vous fou ?

VALÉRIE, *même jeu.*

Papa, qu'avez-vous fait?

VERDUREL

Valérie, va reprendre ton ouvrage et laisse-moi causer avec ton prétendu. (*Bas.*) Ma fille voulait de vos cheveux pour les placer dans un médaillon. C'est pour cela que je les ai coupés moi-même. (*A part.*) Je m'en tire fort bien.

ALBERT, *bas.*

Elle n'avait qu'à me faire part de ses intentions et je me serais empressé de lui donner le médaillon avec les cheveux.

VERDUREL, *enveloppant les cheveux dans un papier.*

Elle n'a pas osé; elle est si timide.

ALBERT

Vous n'avez peut-être pas pris les bons?

VERDUREL, *surpris.*

Les bons!... Vous en avez donc de mauvais?

ALBERT

Ce sont (*appuyant*) les longs que j'ai voulu dire. (*A part.*) Quelle bêtise j'allais commettre... (*Haut.*) Ceux que vous avez coupés seront sans doute trop courts.

VERDUREL

La longueur est inutile. (*Faisant un signe d'intelligence à Valérie.*) Ma fille, tu auras des cheveux de ton futur... (*Rendant le chapeau.*) Couvrez-vous, puisque vous êtes enrhumé. Vous pouvez continuer votre lecture.

ALBERT, *regardant à sa montre.*

Il faut que je me rende à la Bourse pour une vente de deux mille charges de blé d'Odessa.

VALÉRIE

Vous nous quittez si vite ?

ALBERT

Une heure seulement. (*Il sort.*)

VERDUREL, *l'accompagnant.*

Allez, mon gendre, et tâchez de terminer cette affaire. (*Descendant vivement la scène.*) Nous n'avons pas une minute à perdre. (*Appelant.*) Théréson!... (*Palpant le papier qui contient les cheveux.*) Avec cela une somnambule ne peut se tromper.

SCÈNE XI.

VALÉRIE, VERDUREL, THÉRÈSE.

THÉRÈSE, *entrant.*

Monsieur m'a appelée ?...

VERDUREL

Tu es blonde et un peu bête,... par conséquent tu dois être lucide... Il faut que je te magnétise.

THÉRÈSE, *surprise.*

Moi ?...

VERDUREL

Oui, je veux t'endormir.

THÉRÈSE

Faites, monsieur, si ça vous est agréable

VERDUREL

Tu es sans doute un sujet neuf, qui n'a jamais servi ? Jamais tu n'as été ?...

THÉRÈSE

Je n'ai servi que dans votre maison et chez un photographe. C'est chez lui que j'ai connu Marcelin qui m'a promis le mariage.

VERDUREL

Tu ne m'as pas compris... Je te demande si on ne t'a jamais endormie ?

THÉRÈSE

Une fois... C'était un soir que Marcelin s'introduisit dans ma chambre... Il essaya de me magnétiser... Je fis semblant de dormir, et il en profita pour... (*Soupirant.*) Il était si...

VERDUREL

Veux-tu bien te taire... Parler ainsi devant ma fille !... Assieds-toi là... (*Ils s'asseoient en face l'un de l'autre.*)

THÉRÈSE

Vous me questionnerez à l'égard de Marcelin.

VERDUREL, *à part.*

Feignons... (*Haut.*) C'est pour cela que je veux te magnétiser... (*Il lui prend les mains, puis lui fait des passes de haut en bas.*) Le sommeil commence à venir... Les yeux se ferment... Ça y est !... (*Lui donnant les cheveux.*) Que contient ce papier ?

THÉRÈSE, *endormie.*

Des cheveux.

VERDUREL

Que penses-tu de l'homme à qui ils appartiennent ?

THÉRÈSE, *bas.*

Ce n'est pas un homme.

VERDUREL, *surpris et bas.*

Ce n'est pas un homme?...

THÉRÈSE, *bas.*

Ce sont des cheveux de femme.

VERDUREL, *même jeu.*

De femme?...

VALÉRIE, *qui a observé cette scène.*

Qu'a-t-elle dit?

VERDUREL, *se levant vivement.*

Ma fille, laisse-nous... (*Il l'accompagne dans la chambre dont il referme la porte.*) De femme!... Oh! c'est étrange. (*Il se rassied et fait de nouvelles passes.*) Voyons, es-tu certaine que ce soient des cheveux de femme?...

THÉRÈSE

Oui.

VERDUREL, *à part.*

Mon gendre serait une femme!... (*Haut.*) Quelle est sa profession?

(*Thérèse danse, puis se rassoit.*)

VERDUREL

Une danseuse!... Où est-elle et que fait-elle en ce moment?

THÉRÈSE

Elle est assise sur un sofa à côté d'un monsieur à qui elle fait des mamours. (*L'embrassant avec effusion.*) Et puis comme ça...

VERDUREL, *se dégageant.*

Assez, assez!... Qui embrasse-t-elle ainsi?

THÉRÈSE

Un monsieur qui est laid, mais pourtant moins laid que vous... Il ressemble à votre barbier. (*Riant.*) Ah! ah! comme ils y vont de bon cœur!... (*Sérieusement.*) Monsieur, ne m'interrogez plus; je ne puis vous dire le reste.

VERDUREL

Cela me suffit... (*La réveillant.*) Oh! le gredin, ou plutôt la gredine!... Se faire passer pour un homme, tandis que...

THÉRÈSE, *elle se réveille et se lève en s'étirant.*

Marcelin m'aime-t-il toujours?

VERDUREL, *préoccupé.*

C'est une femme!...

THÉRÈSE, *surprise.*

Lui, Marcelin, une femme?...

VERDUREL

Es-tu bien sûre que ton Marcelin soit un homme?

THÉRÈSE, *soupirant.*

Oh! que oui!... Et quand m'épousera-t-il?

VERDUREL

Il n'attend plus qu'un papier... Oh! le monstre!...

THÉRÈSE

Qui ça, le monstre?...

VERDUREL

Lui.

THÉRÈSE

Marcelin?...

VERDUREL

Laisse-moi donc tranquille avec ton Marcelin!... (*A part, en dépliant le papier.*) Ces cheveux sont, en effet, fins et soyeux et ne peuvent appartenir qu'à ce sexe léger qui nous fournit des danseuses... (*Il entre vivement à droite.*)

SCÈNE XII.

THÉRÈSE, puis VALÉRIE et VERDUREL.

THÉRÈSE

Qu'est-ce qu'il a monsieur? On dirait qu'il est fâché que j'aime Marcelin et que je sois pressée de me marier. Mon monsieur aurait-il des idées sur moi?... Il est veuf, il n'est plus jeune... Moi, je ne suis pas trop mal;... j'ai un petit air qui plaît aux hommes. Il voudrait peut-être... Et pourquoi pas!... Combien en ai-je vu des filles de mon pays, des servantes comme moi, qui sont maintenant entretenues par de riches négociants.

VALÉRIE, *entrant.*

Je ne sais ce qui est arrivé à mon père. Il est furieux. J'ai voulu connaître la cause de sa colère, il n'a pas daigné me répondre.

THÉRÈSE, *avec intention.*

Je crois l'avoir devinée...

VERDUREL, *habillé pour sortir.*

J'ai besoin de respirer le grand air. (*A part.*) Je vais chez Margarita afin d'éviter sa visite... (*Il se dispose à sortir.*)

VALÉRIE, *avec tendresse, en le retenant.*

Cher papa, pourquoi me cacher vos chagrins?... Ne suis-je pas là pour les partager et vous consoler?... Vous devriez être si heureux de voir que je vais m'établir avec un homme qui vous chérit et qui...

VERDUREL, *l'interrompant.*

Ma fille, ce mariage est impossible!...

VALÉRIE, *surprise.*

Impossible!... Serait-il marié?

VERDUREL

Non.

VALÉRIE

Aurait-il commis une action... malhonnête?

VERDUREL

Non.

VALÉRIE

Mais alors?..

VERDUREL, *à part.*

Je ne puis pourtant pas lui avouer... (*Haut.*) Plus tard tu le sauras.

VALÉRIE

Qu'a-t-il donc fait?.. Oh! papa, si vous me le refusez, ce sera ma mort!... (*Elle tombe abattue sur le canapé.*)

VERDUREL

Reviens à toi, mon enfant... Il est des choses qu'une jeune fille doit ignorer.

VALÉRIE

Il me semble qu'il n'est point convenable que monsieur Albert me trouve seule.

VERDUREL

Tu n'as rien à craindre.

VALÉRIE

Je conviens qu'il est réservé, délicat...

THÉRÈSE

Mais...

VERDUREL

Il n'y a pas de mais...

THÉRÈSE

Il pourrait bien être capable (*bas*), comme Marcelin.

VERDUREL

Capable, lui, allons donc!... Théréson, prends soin de ma fille... Je ne tarderai pas à rentrer... Capable (*à part, en sortant*), lui, une femme!...

SCÈNE XIII.

VALÉRIE, THÉRÈSE.

THÉRÈSE, *à part*.

Que lui dire, que faire pour la consoler?... (*Riant.*) Je ne puis pas remplacer son futur, moi!...

VALÉRIE, *se levant*.

Il y a quelque chose d'inexplicable dans la détermination que vient de prendre mon père... Théréson, que lui avez-vous donc appris pendant votre sommeil?...

THÉRÈSE

Je ne me souviens de rien... Monsieur m'a dit seulement que mon prétendu n'attendait plus qu'un papier pour m'épouser.

VALÉRIE

Ce n'est pas là un sujet de mécontentement pour lui, au contraire...

THÉRÈSE, *avec suffisance.*

Ça a peut-être peiné monsieur... Qui sait s'il n'a pas des intentions sur... (*Baissant les yeux.*) On a vu des rois épouser des bergères.

VALÉRIE

Mon père ne se remariera pas.

THÉRÈSE

Sans se marier, on peut...

VALÉRIE

Théréson, votre langage n'est pas celui d'une honnête fille... J'attends monsieur Albert ; veuillez vous retirer.

THÉRÈSE, *à part.*

Elle m'éloigne pour rester seule avec lui. (*Sortant.*) Tant pis pour elle, si ça tourne mal comme pour moi avec Marcelin!...

SCÈNE XIV.

VALÉRIE, *seule, elle prend sa broderie et la regardant.*

Dois-je l'abandonner ou la continuer?.. Quels jolis rêves j'ai faits pendant que mon aiguille fixait sur cette batiste les dessins que j'y avais tracés ! Quelles pensées délicieuses charmaient mon esprit quand elles me représentaient, le jour de notre mariage, Albert paré de cette broderie !... Il n'y a qu'une jeune fille pour comprendre les douces émotions que cet ouvrage m'a causées !... Et je verrais s'évanouir toutes mes illusions ! Dieu ne le permettra pas!... Si mon père s'oppose à notre union, j'irai m'enfermer dans un couvent. (*Elle s'asseoit et se remet à broder.*)

SCÈNE XV.

VALÉRIE, ALBERT.

ALBERT, *entrant vivement*.

Je viens de rencontrer votre père qui a détourné la tête en m'apercevant.

VALÉRIE, *avec embarras*.

Il était si préoccupé qu'il ne vous aura pas reconnu.

ALBERT

Il m'a parfaitement reconnu... Valérie, parlez-moi à cœur ouvert... Quel que soit mon sort, je m'y soumettrai... Comment se peut-il que votre père, qui a toujours été plein de bienveillance pour moi, ait changé tout à coup?..

VALÉRIE, *même jeu*.

Les sentiments de mon père doivent être les mêmes à votre égard.

ALBERT

Regretterait-il de m'avoir accordé votre main, et vous, Valérie, auriez-vous porté sur un autre votre affection?

VALÉRIE, *se levant et avec tendresse*.

Ne plus vous aimer?... Vous croyez donc que mon cœur, après vous avoir appartenu, pourrait se donner à un autre?...

ALBERT

Si votre amour pour moi égale celui que je ressens pour vous, nous triompherons de tous les obstacles; car nous devons nous attendre à bien des ennuis. Permettez-moi cet aveu : J'ai peur que votre père n'ait des lacunes dans ses idées... Ce matin, il a cherché à me prendre ma canne, mon mouchoir; il aurait convoité mes bretelles, si j'en eusse porté... Plus tard, il s'est emparé, par la ruse, d'une mèche de mes cheveux.

VALÉRIE, *vivement*.

C'est vous qui lui faites un reproche d'avoir voulu m'offrir ce gage?...

ALBERT

Je suis loin de lui en vouloir pour cela; mais j'ai peur que son cerveau ne se détraque.

VALÉRIE

Je ne puis vous cacher plus longtemps la vérité... Albert, promettez-moi d'être calme.

ALBERT

Je vous le promets.

VALÉRIE

Mon père vient de me déclarer que notre mariage est impossible.

ALBERT, *s'affaissant sur le canapé*.

O ciel!... Et pour quel motif?...

VALÉRIE

Il ne m'a rien dit de plus... (*S'approchant d'Albert.*) Allons, mon ami, c'est au moment où vous avez besoin de toute votre énergie que vous vous laissez aller au découragement?...

ALBERT, *se levant vivement*.

M'aimez-vous?

VALÉRIE, *lui tendant la main.*

De toute mon âme?

ALBERT, *lui baisant la main.*

Maintenant je ne crains plus rien. (*Verdurel entre et s'arrête sur le seuil en se croisant les bras.*) Je vous enlèverai, si votre père s'oppose à notre hymen!...

SCÈNE XVI.

LES MÊMES, VERDUREL.

VERDUREL, *à part.*

Quelle audace!... (*Haut, en descendant la scène.*) Vous l'enlèverez, et pourquoi faire?

VALÉRIE, *surprise.*

Mon père!... (*Allant à Verdurel.*) De grâce, papa, écoutez-moi!...

VERDUREL, *indiquant la porte de droite.*

Sortez, mademoiselle!... (*Elle sort.*)

ALBERT

Il n'y a ici qu'un seul coupable; c'est moi.

VERDUREL

Si vous étiez un homme, je vous dirais que vous n'êtes qu'un pas grand'chose, et c'est avec ma botte où vous savez que je vous mettrais à la porte.

ALBERT

Et vous, si vous n'étiez pas le père de mademoiselle Valérie, je vous giflerais pour votre insolence!..

VERDUREL

Vous?...

ALBERT

Moi. (*Il se promène en gesticulant.*)

VERDUREL, *à part*.

C'est une gaillarde, une virago... Soyons prudent... (*Haut.*) Enfin, me direz-vous quelles sont vos intentions?... Vous n'ignorez pas qu'il y a chez vous un empêchement... matériel à la réalisation de votre mariage avec ma fille?

ALBERT

Papa Verdurel, il y a dans votre cerveau quelque chose qui m'inquiète...

VERDUREL

Me prendriez-vous pour un insensé?

ALBERT

J'en doutais; à présent j'en suis convaincu.

VERDUREL, *colère*.

Mais, misérable! vous savez bien que vous ne pouvez pas épouser ma fille!

ALBERT

Et pourquoi?

VERDUREL

Votre sexe s'y oppose.

ALBERT, *à part*.

Définitivement, il a perdu la boule. (*Il se promène en riant.*)

VERDUREL, *à part*.

Elle aura pris ce vêtement viril pour s'introduire chez moi, afin de ne pas éveiller les soupçons... La ruse est dans la nature de la femme... C'est pour moi qu'elle a employé ce stratagème. (*Le regardant.*) Elle est solidement bâtie;... sa figure, quoique un peu mâle, n'est point désagréable... (*Haut et amoureusement.*) Albert... non, Albertine?...

ALBERT, *à part.*

Il veut que j'appartienne au genre féminin... Flattons sa manie et voyons jusqu'où ira sa démence...

VERDUREL

Albertine, j'ai deviné tes projets que je serais heureux de voir s'accomplir... Rends-toi, ce soir à six heures, plaine Saint-Michel; de là, nous irons à la Pomme pour y manger des paquets.

ALBERT, *avec dédain.*

A la Pomme...

VERDUREL

Gourmande, tu préfères Roubion!

ALBERT

C'est plus chic.

VERDUREL

Nous irons chez Roubion.

ALBERT, *minaudant.*

J'accepte... (*A part.*) Il ne faut pas contrarier les fous.

VERDUREL

Je sais aussi que tu es danseuse... J'ai un faible pour les ballerines; c'est dans ma nature un peu folichonne...

ALBERT, *à part, riant.*

Oh! cela devient d'un comique épatant!... Heureusement que sa folie n'est pas agressive.

lecture de leurs ouvrages, les moralistes devraient comprendre qu'ils prêchent dans le désert. Ce n'est pas, par exemple, aux veinards qui ont tout à gogo qu'il faut parler d'économie, d'abstinence, de résignation ; mais bien à ceux qui n'ont juste que le nécessaire.

PAQUITA

Comme vous détestez ces pauvres riches !

FRANÇOISE

Moi, les détester ?... Je trouve, au contraire, qu'ils ne sont pas assez nombreux, par la raison qu'il y a plus à gagner avec ceux qui possèdent qu'avec ceux qui sont dans la dèche.

PAQUITA, *se levant.*

La dèche !... Voilà le fruit des révolutions !... Les domestiques, aujourd'hui, se permettent de parler à leurs maîtres comme à leurs égaux.

FRANÇOISE

Et cela, madame, depuis que (*appuyant*) les maîtres ont pris pour confidents leurs serviteurs, et que les servantes sont devenues les maîtresses de leurs maîtres.

PAQUITA

Vous êtes une impertinente, et je vous chasserai, si vous continuez à parler de la sorte.

FRANÇOISE

Vous pourriez vous en repentir. Moi, je suis franche, voilà mon tort... Une autre ferait sa Sophie, sa poire !... Elle mentirait en abusant de l'anse du panier ou en cherchant peut-être à vous souffler votre mari.

PAQUITA

Assez, mademoiselle, j'ai déjà montré trop de patience à écouter vos sottises... Occupez-vous de votre travail... Je vais auprès de monsieur Bonardel. (*Elle entre à droite.*)

SCÈNE II.

FRANÇOISE, *seule, la suivant du regard.*

Ah! si ce n'était pas pour lui, comme je t'aurais déjà envoyée à la balançoire!... Autant j'aime monsieur, autant j'abhorre sa femme qui me bassine et me tarabuste du matin au soir. Mon maître aura dû avoir une araignée dans le plafond lorsqu'il s'est amouraché de cette Espagnole, qui est fière, emportée et jalouse,... jalouse même de son ombre!... Cependant, elle, qui lit de bons livres, se laisse monter le carton par l'ami intime de son mari. Jusqu'à présent, il n'y a pas eu de mal ; mais ça pourrait venir... Je crois que mon maître s'en est aperçu... Oh ! si on le trompait, lui qui est si bon!... Avec lui, je fais ma pelotte... De temps en temps, il me casque des pièces de vingt francs, et cela sans rien me demander... Franchement, monsieur est un bon zigue!... Aussi, pour lui, je ferais... je ferais tout ce qu'il voudrait, quoi!... Allons, vite à la besogne et en avant la gaudriole!... (*Elle place les fauteuils, épousselte les meubles, en chantant sans accompagnement.*)

AIR : *Marchande de marée* (La Fille de M*me* Angot).

D'un gros millionnaire,
Le fils brûlant d'ardeur,
Me dit : « S'il faut, ma chère,
Pour obtenir ton cœur,

Que je force le coffre
Où papa tient ses fonds ;
Son argent, je te l'offre... »
Mais, moi, je lui réponds :
Je me fiche
D'être riche!
A qui plairont mes appas,
Toujours bonne,
Je les donne,
Car, moi, je ne les vends pas.

SCÈNE III.

FRANÇOISE, GIRODON.

GIRODON, *qui a entendu, à la porte du fond, la fin du couplet, vient près de Françoise en la prenant par la taille.*

AIR : *Quand on conspire* (La Fille de Mme Angot).

Quoi! sans pécune,
Tu céderais,
O belle brune!
Tes doux attraits !
Tes mains mignonnes,
Tes yeux charmants ;
Si tu les donnes,
(*L'embrassant.*) Moi, je les prends !

FRANÇOISE, *se dégageant.*

Laissez-moi, monsieur Girodon, ou vous allez recevoir une giroflée à cinq feuilles.

GIRODON

Ne viens-tu pas de dire que tu te donneras à celui...

FRANÇOISE

Ce n'est pas moi qui le dis, c'est la chanson.

GIRODON

Du moment que tu la roucoules, c'est que tu en approuves la forme et le fond.

FRANÇOISE

Vous chantiez bien des airs patriotiques à l'époque de la guerre, et, cependant, vous avez été assez roublard pour vous faire exempter même du service de la garde nationale.

GIRODON

Chut!... Tu sais bien que mon état maladif...

FRANÇOISE

Avouez plutôt que vous aviez alors le trac, la taffe.

GIRODON

Tu te trompes... J'ai du courage, beaucoup de courage... Malheureusement, mes organes n'obéissent point à l'énergie de mon caractère... J'ai une santé fort délicate.

FRANÇOISE

Oh! celle-là, vous me la faites à l'oseille!... Qui dirait que ce gros mastoc a été refusé pour sa faiblesse de constitution!... Que de blagues on fait gober à notre gouvernement!

GIRODON, *riant.*

Tu devrais demander à faire partie du conseil de révision. (*Il la prend par la taille.*)

FRANÇOISE

A bas les pattes!... Il est ridicule que vous pensiez encore à batifoler avec le sexe.

GIRODON

Le cœur est toujours jeune.

FRANÇOISE

Ce sont de vieux farceurs qui ont inventé cette colle pour les besoins de leur cause. Si j'étais que de vous, je me marierais, puisque vous aimez tant les femmes.

GIRODON

C'est pour cela que je ne puis me décider à n'en avoir qu'une. Dès que j'aurai rencontré mon idéal, celle qui réunira toutes les qualités de son sexe, alors, peut-être je...

FRANÇOISE, *avec intention.*

C'est, sans doute, ce que vous avez trouvé chez madame Bonardel?

GIRODON, *embarrassé.*

La femme d'un ami, fi donc!... Tandis que toi, tu es libre.

FRANÇOISE

Ah! voilà!...

GIRODON

Tu es jolie et, comme telle, tu as droit à mes hommages.

FRANÇOISE

Vous en dites autant aux laides... Allez, allez, je connais votre fourbi!... Vous voulez avoir les agréments de l'amour, sans en avoir les embêtements.

GIRODON

Tu me juges mal, Françoise!... Voyons, j'ai quelques revenus...

FRANÇOISE

Je sais que vous avez du foin au râtelier ; moi, je n'ai pas un radis.

GIRODON

Viens chez moi de temps en temps ; tu n'auras pas à te plaindre de mes largesses.

FRANÇOISE, *minaudant.*

Bien vrai, vous cracheriez au bassinet ?

(*Paquita entre par la porte de droite et écoute.*)

GIRODON

Je ne puis m'expliquer ce que je ressens pour toi.

FRANÇOISE, *même jeu.*

Un caprice ?...

GIRODON

Et que t'importe, si ce caprice se renouvelle souvent ! (*Il veut l'embrasser.*)

FRANÇOISE, *le repoussant.*

Eh bien ! mon cher, ce sera pour dimanche, après la grand'messe...

GIRODON

Quoi, tu repousserais mes offres ?... Tu réfléchiras, et je suis sûr que...

SCÈNE IV.

LES MÊMES, PAQUITA.

PAQUITA, *courroucée, lui prenant le bras.*

Monsieur Girodon, vous êtes sûr que...

GIRODON, *à part.*

Saperlotte !... comment me tirer de là ?

FRANÇOISE, *bas.*

Voilà ce qui s'appelle piquer un soleil !

PAQUITA

Mon mari est moribond, et, au lieu de trouver ici le chagrin, je vois des visages rayonnants, j'entends une conversation... honteuse.. Oh! cela est abominable!... Mademoiselle Françoise, vous n'êtes plus à mon service.

FRANÇOISE

Vous me congédiez, madame?

PAQUITA

Et que l'on ne s'adresse pas à moi pour les renseignements!

FRANÇOISE

Mais, madame, je suis innocente; c'est monsieur qui...

PAQUITA

Taisez-vous!... Si, par votre coquetterie, vous n'aviez pas encouragé monsieur, il ne se serait jamais permis... ce qu'il s'est permis. Ah! l'on apprend de belles choses dans les cafés-concerts!

FRANÇOISE

Monsieur va vous expliquer...

PAQUITA

Je n'ai pas d'explications à entendre... Sortez!

FRANÇOISE, *à part.*

Tu veux que je quitte la boîte, sans mot dire (*entrant à droite*); c'est ce que nous allons voir!

SCÈNE V.

PAQUITA, GIRODON.

PAQUITA

J'ai été injuste envers cette servante. C'est sur vous qu'aurait dû éclater ma colère.

GIRODON

Tout cela n'avait rien de sérieux.

PAQUITA

Vous m'avez toujours dit que je suis la seule femme que vous estimez, que vous... aimez ; et, dans ma maison même, vous cherchez à suborner ma domestique.

GIRODON

Je vous assure, madame, qu'il ne s'est agi que d'une plaisanterie, et rien de plus.

PAQUITA

En France, vous faites de l'amour un plaisir ; en Espagne, la femme est l'objet d'un culte.

GIRODON

Je le comprends, madame ; car si toutes les Espagnoles vous ressemblent, on ne peut que les adorer.

PAQUITA

'ors votre adoration est pour moi et vous gardez 'mour pour une servante.

GIRODON

'st gaie, j'allais dire spirituelle...

PAQUITA

Oui, de l'esprit, ou plutôt de l'alcool de café-concert.

GIRODON

Et entraîné par ses reparties... pittoresques, je me suis oublié près d'elle... Mais soyez bien convaincue que mon inconséquence n'a en rien diminué les sentiments que j'ai pour vous.

PAQUITA

Quelle effronterie!... Après ce que j'ai vu et entendu, vous osez me parler encore de vos sentiments?... Oh! si vous étiez mon mari (*faisant le geste de le poignarder*), je vous...

GIRODON, *effrayé, s'éloigne vivement, puis revient avec un air contrit.*

Vous me... pardonneriez.

PAQUITA, *colère.*

Je vous tuerais.

GIRODON, *à part.*

Bigre! soyons prudent... Je me suis laissé dire que les Espagnoles portent un poignard à leur jarretière... (*Haut.*) Il ne faut pas donner de l'importance aux sornettes qu'un homme peut conter à une fille. La politesse française a ses exigences.

PAQUITA

Oui, je sais que, dans votre chevaleresque pays, vous devez faire la cour à toutes les femmes. Les maris, dans les promenades, offrent le bras de leurs chères moitiés à leurs amis; dans les bals, ils laissent ceux-ci danser avec elles; à table, au spectacle, c'est à leurs côtés qu'ils les placent. Puis, ces excellents maris sont tout étonnés d'être... Tenez, monsieur Girodon, jamais je ne pourrai m'habituer aux usages de votre pays.

GIRODON

Il faut pourtant s'y conformer.

PAQUITA

Je me révolterai toujours contre eux, et j'espère que vous m'imiterez ; car, si j'étais votre femme et que j'apprisse qu'une autre que moi reçût vos hommages, je serais capable de me venger, non pas (*appuyant*) comme le font bien des Françaises, en trompant le trompeur ; mais par le fer ou le poison.

GIRODON

Comme vous y allez !... Le fer ou le poison !... Moi, je préfèrerais, si j'étais femme, le système des Françaises. (*A part.*) Au moins les maris n'en meurent pas... (*Haut.*) Mais parlons de Bonardel... Va-t-il mieux ?

PAQUITA, *préoccupée.*

Vous m'avez dit que, si je perdais mon mari, vous m'offririez vos conseils ?

GIRODON

Oui, madame, mes conseils.

PAQUITA, *baissant les yeux.*

Que je pourrais compter sur votre... tendresse ?

GIRODON, *à part.*

Diable !... Trop aimable Girodon, dans quelle situation les galanteries t'ont-elles fourré !... (*Haut, en balbutiant.*) Oui, madame, sur ma... tendresse.

PAQUITA, *même jeu.*

Que vous...

GIRODON

Que je...

PAQUITA, *même jeu.*

Que vous... m'épouseriez.

GIRODON, *contraint.*

J'ai dit cela ?

PAQUITA, *avec hauteur.*

Vous l'avez dit, monsieur !...

GIRODON

Cela se peut.

PAQUITA, *fièrement.*

Quand un Espagnol affirme, on doit le croire; car il se ferait tuer plutôt que de mentir.

GIRODON

Mais Bonardel n'est pas dans un état désespéré !... (*A part.*) Il faut que je sorte de là à tout prix... Dieu me préserve d'être le mari d'une femme dont la jalousie irait jusqu'à l'assassinat !

SCÈNE VI.

LES MÊMES, BONARDEL, FRANÇOISE.

BONARDEL, *entrant par la porte de droite, soutenu Françoise.*

Ah ! tu es là, Girodon ?

GIRODON

Nous parlions de toi, de ta maladie.

BONARDEL

Je vous en suis très reconnaissant.

GIRODON

Qui pourrait, mieux que ta femme et ton vieux camarade, s'intéresser à ta santé ?

BONARDEL

Mais, dis-moi, Paquita, pourquoi as-tu renvoyé Françoise ?... Cette fille nous est dévouée.

FRANÇOISE, *le faisant asseoir dans le fauteuil-roulaire.*

Oh ! oui, monsieur, bien dévouée !

PAQUITA

Elle a tenu avec monsieur une conversation inconvenante.

BONARDEL

Il faut être indulgente pour elle, en considération des soins qu'elle me prodigue.

FRANÇOISE

Que vous êtes bon, monsieur !

BONARDEL

Tu resteras à notre service... Pour le moment, laisse-nous.

FRANÇOISE, *à part, en sortant par la porte de gauche.*

L'excellent maître !... Quel malheur pour moi s'il venait à trépasser !...

SCÈNE VII.

GIRODON, BONARDEL, PAQUITA.

BONARDEL

Maintenant que nous sommes entre nous, je puis dire

que tous les torts viennent de Girodon; il a fait des propositions à Françoise.

PAQUITA, *bas à Girodon.*

Vous l'entendez, monsieur!...

GIRODON, *embarrassé.*

Histoire de rire, mon cher!

BONARDEL

Tu ne t'es pas contenté de rire; il paraît que tu as été beaucoup plus loin. (*Regardant Paquita.*) Incorrigible lovelace, tu es toujours ardent pour le beau sexe!...

PAQUITA

Je croyais que monsieur était constant.

BONARDEL

Il est très constant dans son affection (*appuyant*) pour les belles en général; mais pour les belles en particulier, c'est autre chose.

PAQUITA, *à Girodon.*

Vraiment?

GIRODON, *bas.*

C'est de la calomnie. (*Haut.*) Votre mari veut parler de nos amourettes de jeunesse.

PAQUITA

Monsieur Bonardel a donc été libertin?

BONARDEL

Eh! mon Dieu, oui... Je me suis amusé comme les autres; mais je n'étais pas tout de flamme comme Girodon.

PAQUITA

Et voilà, pauvres jeunes filles, à quoi nous nous exposons en nous unissant à des hommes plus âgés que nous !... Les autres femmes, les premières, ont eu l'engouement, les plaisirs ; et nous, nous recueillons les déceptions... les infirmités... Nos maris nous donnent à peine quelques moments agréables dans leur automne, tandis qu'ils ont prodigué leur printemps à des femmes indignes de tout attachement.

BONARDEL

Oh ! oh ! indignes de tout attachement... Qu'en dis-tu, Girodon ?

GIRODON

Je dis que madame est sévère à l'égard des personnes que nous avons pu... fréquenter.

PAQUITA, *avec hauteur.*

Voudriez-vous me les comparer ?

GIRODON

Telle n'est pas ma pensée. (*A part.*) Quelle femme, mon Dieu !

BONARDEL

Du reste, Girodon est célibataire ; il est libre de ses actions... Je suis persuadé que, marié, il rendra sa femme fort heureuse.

PAQUITA

Qui le sait ?

BONARDEL

Mais laissons cela et causons sérieusement... J'ai à vous entretenir de choses très importantes... Asseyez-vous près de moi, afin de ne pas m'obliger de parler haut. (*Ils s'asseyent.*) Je sens que la vie m'abandonne.

GIRODON

Pourquoi nous attrister ainsi ?

PAQUITA

Je vous en prie, chassez de votre esprit cette pensée qui faggrave votre mal.

BONARDEL

Je vous dois à tous les deux une confidence. Depuis que je suis malade et (*avec intention*) sans espoir de guérison, une idée me préoccupe, me tourmente... Hélas ! je vois au-delà de la tombe quel sera le sort de ma femme, et, s'il faut vous l'avouer, il me fait peur.

PAQUITA, *surprise.*

Peur !... Et pourquoi ?

BONARDEL

Tu vas le savoir... Girodon, tu es mon ami ?

GIRODON

A la vie, à la mort.

BONARDEL, *lui donnant une poignée de main.*

Merci, pour cette bonne réponse... Bientôt je mettrai la vieille et sincère amitié à l'épreuve... Je vous ai dit, tout-à-l'heure, quelle était ma crainte... Écoutez-moi... En mourant, je laisserai une veuve, jeune et surtout jolie. Elle est étrangère... Elle ne connaît qu'imparfaitement nos mœurs et nos usages. Elle sera, par conséquent, exposée à tous les dangers auxquels son isolement, son inexpérience seront en butte... Pourra-t-elle les éviter, pourra-t-elle ne pas succomber, si elle n'a à ses côtés un homme dévoué, un véritable protecteur.

GIRODON, *à part.*

Où veut-il en venir ?

BONARDEL

Tu vas donc me promettre d'être son guide, son mentor, d'être enfin un autre moi-même auprès de ma chère Paquita ?

GIRODON, *contrarié.*

Je te le promets.

BONARDEL

Et de plus, me jurer que, dans le délai prescrit par la loi, tu te marieras avec la veuve (*feignant l'affliction*) de ton malheureux ami Bonardel ?

GIRODON, *se levant vivement.*

Me marier, moi !...

BONARDEL

Eh quoi, tu refuses ?

GIRODON, *embarrassé.*

Non... Mais... Aussi tu dis ces choses-là à brûle-pourpoint... Donne-moi le temps de réfléchir.

PAQUITA, *se levant vivement.*

Je vous quitte, Bonardel... Mon cœur est prêt à se briser... (*A part.*) Mon malheur sera complet... (*Bas à Girodon.*) Il n'y manquait plus que l'humiliation... (*Sortant par la porte de droite et avec mépris.*) Vous êtes un misérable !

SCÈNE VIII.

BONARDEL, GIRODON.

GIRODON
Moi aussi, je pars.

BONARDEL
Non, reste. Tu es un homme, toi; tu peux m'écouter jusqu'au bout. (*A part.*) Allons, tout marche à merveille.

GIRODON, *tirant sa montre.*
Il est cinq heures; je vais chez mon agent de change.

BONARDEL
Tu as le temps.

GIRODON, *pressé de sortir.*
Je suis impatient de connaître le résultat du tirage des obligations de Suez... J'ai peut-être gagné le gros lot de cent cinquante mille francs.

BONARDEL
Ingrat, je t'en fais gagner un bien plus précieux, puisque je te cède ma femme.

GIRODON
Ta femme, ta femme...

BONARDEL
Monsieur Girodon, dédaigneriez-vous le présent que je vous offre?

GIRODON
Veux-tu savoir la vérité? Eh bien! le caractère de ta femme est trop hautain, irascible, violent... vindicatif...

BONARDEL
Tu le modifieras.

GIRODON

Tu n'y as pas réussi toi-même, et tu voudrais... (*Riant.*) Vois-tu, c'est traditionnel : grattez l'Espagnol, vous y trouverez le Maure, l'Arabe, le Bédouin.

BONARDEL

Et tu te dis mon ami!... Ah! je n'aurais pas hésité, moi, si on m'avait offert une femme aussi séduisante!

GIRODON

Sa beauté est encore un motif d'appréhension pour moi. Je veux surtout ma tranquillité... Avec une femme comme la tienne, je ne l'aurais pas. Il n'y a qu'une femme laide, très laide, qui aurait ma confiance, et encore...

BONARDEL

Tu douterais de la fidélité de Paquita?

GIRODON

Dieu m'en garde!... Je dis seulement qu'une jolie femme est toujours plus recherchée, plus courtisée qu'une laide, et qu'alors il vaut mieux...

BONARDEL

Voyons, tu ne peux pas me refuser ce service. C'est un moribond qui te le demande.

GIRODON

Je te laisse... Je cours à l'Hôtel-de-Ville pour voir s'il m'est sorti quelques obligations de l'emprunt de la ville de Paris.

BONARDEL

Tu m'as dit tantôt que c'était pour des obligations du canal de Suez.

GIRODON

C'est possible... Tu me troubles tellement, que je perds le fil de mes idées.

BONARDEL

Tu caches vainement ton jeu. Je sais que tu n'es pas indifférent à Paquita. Cet aveu est bien pénible pour un mari... Girodon, ma femme t'aime !...

GIRODON, *contrarié.*

Tu es dans l'erreur... Je te jure que...

BONARDEL

Et toi, tu n'es pas insensible à ses charmes.

GIRODON

Moi?... Je suis poli, aimable, galant avec elle, comme je le suis avec le beau sexe... Que veux-tu, les femmes se laissent prendre (*avec suffisance*) aux agréments de ma conversation!... Mais de là à ce que tu pourrais supposer, il y a loin, mon cher, très loin. Trahir la confiance d'un ami, moi, jamais !

BONARDEL

Puisque cet ami va disparaître, il ne sera plus un obstacle à la réalisation de tes vœux.

GIRODON

Que tu es entêté!... Je te répète que le caractère de la femme m'est antipathique.

BONARDEL

Tu crains peut-être d'exciter ma jalousie,... ma jalousie d'outre-tombe!... Va, mon ombre ne viendra pas troubler tes enivrantes nuits d'amour ; au contraire, elle y sourira avec joie... Je veux, vu notre vieille amitié, te faire part de mon existence avec ma femme, afin que tu en tires les déductions nécessaires à ton bonheur futur... Prends un siége et écoute-moi.

GIRODON, *s'asseyant d'un air contraint.*

Je t'écoute.

BONARDEL

Paquita est née à Séville, et c'est là que je l'ai connue. Elle avait dix-huit ans.... moi, trente-huit, quand je la demandai à son père.

GIRODON

Tu étais trop âgé pour elle, et moi qui n'ai qu'une quinzaine de jours de moins que toi, je suis trop vieux pour songer à me marier (*à part*), surtout avec une Espagnole.

BONARDEL

Elle avait la jeunesse, la beauté... Moi, j'étais riche, et je crus que la fortune balancerait les avantages que Paquita m'apportait. Après quelques années de mariage, nous sommes venus habiter Paris. Là, chacun, épris des appas séduisants de ma femme, fut envieux de mon bonheur.

GIRODON

Tu vois à quoi est exposé le mari d'une jolie femme.

BONARDEL

Elle était coquette comme le sont toutes les Andalouses... Tu ne t'imagineras jamais (*appuyant*) ce que j'ai inventé, employé, usé de finesses, de ruses, de moyens machiavéliques, pour éloigner d'elle tous ceux qui ont cherché à me la ravir.

GIRODON

Et tu veux que je l'épouse?

BONARDEL

Faut-il te parler de sa jalousie, dont je suis fier; car on n'est jaloux que de l'objet qu'on aime?... Tu ne peux te figurer tout ce que j'ai fait afin de détruire ses soupçons et de lui prouver qu'elle seule possédait mon amour!

GIRODON, *riant.*

Parbleu, une Espagnole!... Et tu veux que je te remplace?

BONARDEL

Certainement que tu me remplaceras. Ne lui as-tu pas dit souvent que tu enviais mon sort; que, si elle était libre, tu lui offrirais ta main? Eh bien! mon ami, le moment approche où tes souhaits vont s'accomplir.

GIRODON, *se levant.*

J'ai dit à ta femme ce qu'un célibataire débite ordinairement aux femmes mariées... Mais aussi, dès qu'elles deviennent veuves, il s'empresse de leur tirer sa révérence.

BONARDEL, *avec hauteur.*

Savez-vous, monsieur Girodon, que ce procédé n'est rien moins que délicat!

GIRODON, *riant.*

Et si on vote le divorce, c'est alors que les célibataires auront besoin de se tenir sur leurs gardes avec les femmes mariées!

BONARDEL, *comme abattu.*

Monsieur Girodon, vous m'affligez profondément!... Je vous croyais un honnête homme.

GIRODON, *s'impatientant.*

Mais sacrebleu! je ne comprends pas ton insistance à vouloir me colloquer ta femme!

BONARDEL

Parce que j'ai la conviction qu'elle sera heureuse avec toi.

GIRODON, *à part.*

En somme, je ne risque rien de promettre. Une fois qu'il sera *ad patres*, il ne viendra pas me rappeler ma parole... (Haut, *en regardant si personne n'écoute.*) Eh bien! je t'obéirai,... j'épouserai ta femme. Es-tu content?

BONARDEL

O Girodon, que ta réponse spontanée et pleine... de franchise me fait du bien!

GIRODON, *s'asseyant.*

Laissons-là le mariage et occupons-nous de toi... Quelle est ta maladie?

BONARDEL

Celle qui a emporté mon père.

GIRODON

Est-ce que sa femme était Espagnole?

BONARDEL

Ma mère était Normande.

GIRODON

Alors, c'est bien différent... A quel âge a décédé ton père?

BONARDEL

Quatre-vingt-dix-neuf ans.

GIRODON

Fichtre ! tu as encore de la marge, puisque tu entres à peine dans ta cinquante-troisième année.

BONARDEL

Oui, mais je vois que ce sont les mêmes symptômes de la maladie dont il est mort.

GIRODON

Que dit ton médecin ?

BONARDEL

Il n'y entend rien.

GIRODON

D'où souffres-tu ?

BONARDEL

J'ai le foie, le cœur, les poumons, l'estomac, les intestins... Tout cela est affecté.

GIRODON

Vrai ! tous ces organes sont affectés ?... (*Se levant vivement.*) Je vais consulter des médecins, des pharmaciens et même des somnambules... Il faut que je te tire de là à tout prix... (*A part, en sortant.*) Épouser sa femme !... (*Haut.*) A bientôt, Bonardel !

BONARDEL

Va, Girodon, et que Dieu seconde tes vœux !

SCÈNE IX.

BONARDEL, *seul.*

Me voilà tranquille du côté de Girodon.... (*Il se lève.*) Pour compléter mon œuvre, je n'ai plus qu'à amener Paquita à réfléchir sur l'incertitude de son avenir... Je me suis acquis, par mes bontés pour eux, le dévoûment de tous mes serviteurs, et principalement celui de Françoise. En me mariant, j'ai dû, par prudence, renoncer à fréquenter mes anciens amis... De tous mes vieux camarades, je n'ai conservé que le moins intelligent et partant celui que j'ai cru le moins dangereux pour un époux... Malgré cette précaution, ma femme s'est laissée prendre aux galanteries banales qu'il lui a débitées... Mais, grâce à mon stratagème, elle sait aujourd'hui à quoi s'en tenir sur les sentiments de Girodon... Il faut que, par la crainte qu'aura Paquita de me perdre et celle de mon ami d'épouser ma veuve, ils s'étudient (*riant*) à me faire vivre le plus longtemps possible... J'ai, en prévision de mes vieux jours, amassé une assez jolie fortune. La raison arrive avec les cheveux blancs; elle nous indique, à mesure qu'ils deviennent plus nombreux, que nous serons bientôt un radoteur, un embarras pour ceux qui restent auprès de nous... L'homme jeune a mille séductions... Le vieillard n'en a qu'une : l'argent... On lui reproche son égoïsme... Raisonneurs! ce que vous appelez égoïsme, n'est-ce pas l'instinct de la conservation?... Ce qui serait une faute pour l'homme jeune est une qualité chez le vieillard... En effet, puisqu'on le délaisse, n'est-il pas juste qu'il se préoccupe de son bien-être. (*Il s'assied et écrit une lettre qu'il met sous enveloppe.*) Quant à moi, c'est à force de bienfaits que je veux m'attirer la reconnaissance... Je ne fais le malade que dans le but d'éprouver les gens qui m'entourent. A mon âge, les illusions, comme les femmes, nous abandonnent et l'expérience nous montre la vie sous son jour véritable... (*Il se lève.*) Bonardel, apprends à être généreux !... N'oublie pas que c'est pour ton argent que tu es aimé. D'ailleurs, le motif m'est indifférent, si le résultat est avantageux. Sache semer ton or avec discernement ; car c'est encore un talent que de savoir donner... Ta politique est de faire comprendre à ceux qui sont près de toi, qu'ils vivent dans l'abondance, tant que tu existes ; mais que, toi, n'étant plus là, ils peuvent être réduits à la misère... On vient... Vite dans notre fauteuil !...

SCÈNE X.

BONARDEL, *assis*; FRANÇOISE.

FRANÇOISE, *apportant un bol.*

Monsieur, voici un consommé qui rendrait un agonisant à la santé. Ma grand'mère en tenait la recette d'un bon chanoine qui s'est endormi du sommeil des bienheureux à l'âge de cent deux ans.

BONARDEL

Il ne me fera pas vivre un jour de plus.

FRANÇOISE

Pourquoi aussi refusez-vous les médicaments que vous a ordonnés votre médecin, bien qu'il prétende que vous n'êtes point malade ?

BONARDEL

J'ai plus de confiance en ton consommé qu'en tous les médecins. (*Prenant le consommé.*) Il est délicieux.

FRANÇOISE

Je crois, d'après ma jugeote, que monsieur est plutôt malade d'esprit que de corps.

BONARDEL

Tu crois cela, toi?

FRANÇOISE

Je suis sûre que si monsieur prenait de temps en temps une cuite...

BONARDEL, *riant.*

Une cuite?

FRANÇOISE

Oui, un tout petit plumet, ses idées deviendraient plus folichonnes, et il s'en trouverait mieux. Voyez Jean, votre cocher, il se porte à merveille, et il m'a dit souvent : « Mam'selle Françoise, pour avoir la santé, il faut, au moins toutes les semaines, prendre une culotte. »

BONARDEL, *riant.*

Une cuite, un plumet, une culotte!... C'est sans doute avec mon vin que le gaillard se culotte?

FRANÇOISE

Monsieur est si bon pour ses domestiques.

BONARDEL, *lui donnant de l'argent.*

Prends cela, en attendant que je prenne le remède que tu m'indiques.

FRANÇOISE, *à part.*

Un jaunet de quarante francs!... (*Haut.*) Monsieur, c'est trop, et je ne sais si je dois...

BONARDEL

Garde-le... Je voudrais, dans trente ans, pouvoir t'en donner encore... Mais, d'ici là, tu m'auras quitté pour te marier.

FRANÇOISE

Me marier!... Oh! pour ça, il n'y a pas mèche!...

Je ne suis plus jeune, et ma frimousse, qui était autrefois si chouette, est tombée dans la limonade.

BONARDEL

Tu as des économies.

FRANÇOISE

Ce serait alors pour les picaillons que les hommes chercheraient à m'embobiner... Il y a belle lurette que je les connais ces emberlificoteurs... Et ce n'est pas moi qui me laisserai... repincer.

BONARDEL, *appuyant.*

Repincer !... Tu as donc été... pincée ?

FRANÇOISE, *baissant les yeux.*

Hélas ! oui, j'ai eu cette guigne !

BONARDEL

C'est un malheur... Puisse-t-il te servir de leçon.

FRANÇOISE

Oh ! oui, ça été une leçon, et une raide, encore.

BONARDEL

Quel est le drôle qui...

FRANÇOISE

Un homme qui porte la robe.

BONARDEL, *se levant vivement.*

Un magistrat ?... Un...

FRANÇOISE

C'est un huissier audiencier... J'eus la bêtise de me laisser entortiller par ses belles promesses; puis, il m'a lâchée quand il m'a vue... embarrassée.

BONARDEL

Voilà un bien vilain exploit d'huissier ! (*Il se rassied.*) Où est ton enfant ?

FRANÇOISE

Je le fais élever au pays. Il va bientôt avoir six ans.

BONARDEL

Dès qu'il en aura huit, je le mettrai dans un pensionnat. Nous en ferons...

FRANÇOISE, *joyeuse*.

Un avocat.

BONARDEL

Et pourquoi pas un bon ouvrier ?

FRANÇOISE

Je préfère qu'il soit avocat... Il bavarde déjà comme une pie... C'est tout son père, pour la platine.

BONARDEL

C'est là encore une des folies de notre époque. Un ouvrier laborieux et intelligent peut devenir patron, tandis qu'un avocat..

FRANÇOISE

Peut, comme nous le voyons tous les jours, devenir préfet, député, ministre... Du reste, c'est pour faire marronner son père.

BONARDEL

Et de quelle façon ?

FRANÇOISE

Quand mon fils plaidera, il dira à son père (*avec autorité*) : « Huissier, faites passer ceci au tribunal ou remettez cela au ministère public. » Et le père en sera humilié.

BONARDEL, *à part.*

Voilà bien la femme : orgueilleuse jusque dans sa chute !... (*Haut.*) Tu as raison de te méfier des hommes.

FRANÇOISE

Les hommes d'aujourd'hui,... oh ! ça ne vaut pas tripette !

BONARDEL

Reste toujours chez moi, tu t'en trouveras bien.

FRANÇOISE

Ce serait pour la vie, si cela ne dépendait que de ma volonté ; mais il y a madame qui me fait des misères.

BONARDEL

Chez ma femme, le cœur vaut mieux que le caractère. Sois respectueuse envers la maîtresse, complaisante, prévenante pour elle, et tu verras qu'elle saura apprécier tes bonnes qualités et, par conséquent, les récompenser. Dis-moi, Françoise, quelqu'un est-il venu ?

FRANÇOISE

Il est venu plusieurs personnes que monsieur fait habituellement travailler, qui m'ont paru bien peinées de le savoir (*riant*) sérieusement malade.

BONARDEL

Braves gens que j'ai constamment aidés de ma bourse et de mes conseils... Et qu'ont-ils dit ?

FRANÇOISE

Je n'ose pas.

BONARDEL

Parle donc ?

FRANÇOISE

Ces braves gens se sont présentés pour offrir leurs services... Ah! cela partait du cœur, croyez-le, monsieur!...

BONARDEL

Je n'en doute pas... Continue.

FRANÇOISE

Votre maçon est venu pour demander la commande de votre tombeau.

BONARDEL

Mais je ne suis pas encore mort!

FRANÇOISE

Puis, nous avons eu la visite du ferblantier et du menuisier (*riant*) pour la boîte à violon.

BONARDEL

Tudieu! comme ils sont pressés!

FRANÇOISE

C'est l'observation que madame leur a faite ; mais l'un d'eux a répondu que les Chinois, plus prévoyants que nous, commandent eux-mêmes leurs cercueils, dont ils se servent de coffres ou d'armoires, en attendant qu'on les y enferme.

BONARDEL

Mes fournisseurs voudraient me voir adopter la mode usitée en Chine.

FRANÇOISE

Ils ont même ajouté qu'en s'y prenant d'avance, leur ouvrage serait mieux soigné, mieux conditionné, et que monsieur en serait tout-à-fait content. C'est étonnant comme (*appuyant*) ces braves gens vous aiment!... Ils pleuraient à fendre l'âme pour montrer la douleur que leur causerait votre fin prochaine (*feignant de pleurer*) et les avantages que madame obtiendrait, si elle s'adressait à eux pour votre entrée dans l'autre monde.

BONARDEL

Tu vois, Françoise, que la reconnaissance porte ses fruits. Tu diras à ces hommes... dévoués...

FRANÇOISE

C'est inutile. (*Riant.*) Ils ne reviendront pas de si tôt.

BONARDEL

Et pourquoi?

FRANÇOISE

Parce que, afin d'éprouver... leur dévoûment, je leur ai dit que vous aviez la petite vérole... (*Riant.*) Ah! ah! comme ils ont alors joué des flûtes!... Franchement, c'est honteux, après les bontés que vous avez eues pour ces pignoufs, de voir de leur part tant de cupidité et d'ingratitude.

BONARDEL

L'humanité est ainsi faite. (*Donnant la lettre.*) Tu diras à Jean de porter cette lettre à son adresse. Ma femme va rentrer, tâche qu'elle la voie.

SCÈNE XI.

LES MÊMES, PAQUITA.

PAQUITA, *apportant une couverture.*

Les soirées sont fraîches... Voici une couverture... (*A Françoise.*) Que tenez-vous là?

FRANÇOISE, *bas, en feignant de se cacher de Bonardel.*

Je l'ignore, madame; c'est monsieur qui...

PAQUITA, *lisant.*

« Monsieur Dusseuil, notaire. » (*A part.*) Pourquoi écrit-il à son notaire ?... Serait-ce le testament de mon mari ?...

BONARDEL, *observant sa femme et à part.*

Le coup est porté. (*Haut.*) Françoise, n'oublie pas de faire remettre ce pli... (*Elle sort.*)

SCÈNE XII.

PAQUITA, BONARDEL.

PAQUITA, *mettant la couverture sur les jambes de Bonardel.*

Vous trouvez-vous un peu mieux ?

BONARDEL

Mon état est toujours le même... C'est là un signe de mauvais augure pour moi.

PAQUITA

Vous vous effrayez à tort.

BONARDEL

C'est ton avenir qui m'effraie et non le mien... Je pensais à Girodon, je croyais que...

PAQUITA, *se contenant.*

Il a l'esprit trop léger. Une femme serait malheureuse avec lui.

BONARDEL

C'est cependant le meilleur homme que j'aie connu; juge des autres.

PAQUITA

Je me plaignais de mon sort, et je vois que si je venais à vous perdre, je n'aurais pas assez de larmes pour vous pleurer.

BONARDEL, *à part.*

Nous y voilà... (*Haut, feignant d'être affligé.*) Tais-toi; tes paroles me font trop de mal.

PAQUITA

Quelle serait ma situation, si la mort nous séparait?... Je vous ai apporté en dot dix mille francs... Que ferais-je avec cela?

BONARDEL

J'avoue qu'avec un revenu de cinq cents francs par an, tu ne pourrais plus tenir le rang que tu occupes... Connaissant ses intentions à ton égard, je comptais sur Girodon, qui est riche lui aussi.

PAQUITA

Au nom du ciel, ne me parlez plus de cet homme! Je serais donc condamnée à d'affreuses privations, si j'avais le malheur d'être veuve.

BONARDEL

Il est vrai que, n'ayant point d'enfant, si je meurs sans avoir testé, c'est, d'après la loi, un parent éloigné qui deviendra mon héritier; mais, sois tranquille, j'arrangerai tout cela (*appuyant*), si Dieu me prête vie.

PAQUITA, *dépitée.*

Je comprends que vous ayez pensé à un parent plutôt

qu'à votre femme… La jalousie, dont j'ai souffert plus qu'elle ne vous a fait souffrir, m'a fermé votre cœur… J'aurais dû (*avec intention*), pour avoir des droits à votre affection, vous aimer comme les femmes aiment généralement leurs maris…

BONARDEL

Paquita, quand je t'épousai, j'avais vingt ans de plus que toi; mais je t'apportais les attentions, les prévenances, la tendre sollicitude de l'homme mûr. Mon amour était celui d'un amant doublé d'un père; ce sentiment, au lieu de diminuer, n'a fait qu'augmenter avec les années… Que de fois, en t'admirant, je me suis reproché d'avoir sacrifié tant de fraîcheur et de charmes à mon égoïste tendresse!… C'est que, vois-tu, à mon âge, on n'a plus la fougue, la violence de la passion; on aime alors sérieusement. C'est sur toi, sur toi seule que j'ai concentré mes affections (*lui prenant la main*); car je n'ai que toi à aimer sur la terre… Tu es toute ma famille,… tu es le rayon de soleil qui devait réchauffer ma vieillesse… Et quand je vois tes yeux et tes lèvres me sourire, mets ta main sur mon cœur, il te dira combien mon amour est sincère.

PAQUITA, *tombant à ses genoux.*

Si j'avais su que vous m'aimiez ainsi!… Pardonnez-moi!… J'ai bien des torts, mais je vous jure de les faire oublier.

BONARDEL

Je te pardonne. (*L'embrassant.*) Il est si doux de pardonner à ceux qu'on aime!… (*A part, en la relevant.*)

J'ai réussi!... L'intérêt est bien l'unique mobile de toutes nos actions!...

SCÈNE XIII.
LES MÊMES, GIRODON.

GIRODON, *il entre vivement en tenant des journaux et des flacons qu'il dépose sur la table.*

Ouf!... Ai-je couru pour me procurer tous ces médicaments!... Voilà un flacon pour les affections de poitrine... En voici un autre pour les maladies du foie... (*Il prend des flacons dans ses poches de devant.*) En voilà pour le cœur; en voici pour l'estomac... (*il prend un flacon dans une poche de derrière*) et un autre (*lisant l'étiquette*) pour les inflammations d'intestins. Je t'apporte aussi des journaux où, à la quatrième page, tu trouveras des remèdes pour tous les maux. Il y a cela de bon avec les feuilles publiques, que les médecins deviennent inutiles. Aujourd'hui, on n'a qu'à consulter les annonces pour se procurer une santé inaltérable... Si l'on meurt, ce n'est plus que par pénurie...

BONARDEL, *riant.*

Ou par avarice.

GIRODON

J'ai acheté onze flacons qui m'ont coûté soixante-sept francs cinquante-cinq centimes. Les pharmaciens n'ont pas voulu rabattre un sou. Ils ont eu l'air de me faire comprendre que la gratitude des malheureux qu'ils rendent à la santé, est presque leur unique profit. Voilà un désintéressement que je n'aurais jamais cru rencontrer chez les apothicaires!

BONARDEL

Et tu as dépensé tant d'argent pour moi, toi qui es si...

GIRODON

Chiche, pingre, avare, ladre, harpagon, cancre... Applique-moi l'épithète qui te plaira... Ce mouvement généreux de ma part doit te montrer combien je tiens à ce que tu vives... longtemps.

BONARDEL, *avec intention, en regardant Paquita.*

Ma femme et moi n'en avons jamais douté.

GIRODON, *cherchant parmi les flacons.*

Il faut commencer par prendre une cuillerée...

BONARDEL

De quoi?

GIRODON, *prenant un flacon.*

Du *Trésor pectoral.* (*Lisant l'étiquette.*) « Personne ne doit plus mourir... »

BONARDEL, *riant.*

On a donc découvert la panacée!...

GIRODON

« Personne ne doit plus mourir des maladies de poitrine. »

BONARDEL

Ah! c'est seulement de ces maladies-là qu'il guérit? Je n'en veux pas... Ce spécifique pourrait aggraver les maux de mes autres organes.

GIRODON

C'est impossible. (*Continuant de lire.*) « Le sirop « pectoral guérit non seulement les affections des voies « respiratoires; mais encore (*appuyant*) combat avec

« succès les désordres de l'estomac et les maladies
« les plus invétérées du cœur, du foie et des intestins...
« Ce remède est encore d'une efficacité certaine pour
« les maladies contagieuses (*bas*), autrement dites... »

BONARDEL, *l'interrompant.*

Monsieur Girodon !...

GIRODON

Je sais que tu n'es pas dans ce cas... Ainsi te voilà fixé sur les vertus du sirop pectoral. (*Prenant un autre flacon.*) Celui-ci a pour titre : « Plus de Gastrite » et prouve, par cinquante années d'existence et des millions de guérisons, qu'il n'y a que lui pour faciliter les digestions et fortifier l'estomac... Il est encore infaillible dans un grand nombre de maladies.

BONARDEL.

Même les maux de dents et la chute des cheveux.

GIRODON

Ne plaisante pas ; ce que je dis est très vrai... Tu l'administreras, quand le moment sera venu, les autres remèdes dont les effets curatifs sont indiqués et constatés sur l'étiquette. Tu vas commencer par le sirop pour la poitrine ; puis, tu boiras celui qui guérit la gastrite. Les autres flacons viendront à leur tour. Tu prendras, suivant le prospectus, une cuillerée de sirop soir et matin... Tu peux même en prendre davantage, d'après les pharmaciens.

PAQUITA

Je vais chercher la cuiller. (*Elle entre à gauche.*)

SCÈNE XIV.

BONARDEL, GIRODON.

BONARDEL

J'en ai là pour un temps infini ; et quand ma poitrine ira mieux, il me restera encore les autres maladies.

GIRODON

Et qu'importe le temps !... (*Comme frappé d'une idée.*) Si nous mélangions le contenu de tous ces flacons, peut-être cela irait-il plus vite, et tu serais guéri à la fois de tous tes maux !...

BONARDEL

N'insiste pas... Je ne prendrai aucun de tes remèdes.

GIRODON

Tu veux donc mourir... Voyons, essaie !...

BONARDEL

Tu le sais, j'ai en horreur les produits pharmaceutiques... Prends-les toi-même comme préservatifs.

GIRODON

Et j'en serais pour ma dépense de soixante-sept francs cinquante-cinq centimes !

BONARDEL

Pour moi, mon cher Girodon, je ne vois qu'un remède qui puisse mettre un terme à mes cruelles souffrances. Je fais un appel à ton dévoûment ; c'est le dernier sacrifice que j'exige de toi... Va m'acheter un revolver.

GIRODON, *surpris.*

Pourquoi ce revolver ?

BONARDEL

Pour me tuer.

GIRODON

Te suicider ?... Ce serait un crime.

BONARDEL

Alors tu me rendras toi-même ce service.

GIRODON

Moi, devenir assassin !... être traîné devant une Cour d'assises; m'y entendre condamner à mort! ..

BONARDEL

C'est la crainte de l'échafaud qui te retient... Allons, tu es incapable d'une grande et héroïque action!

GIRODON

Je préfère épouser ta femme que d'être décapité. J'attendrai patiemment que Dieu l'appelle à lui. Je ne suis pas pressé, moi.

BONARDEL

C'est afin que tu te maries au plus tôt, que je t'engage à me faire passer de cette vie dans l'autre. Mais, puisque tu as peur, je laisserai une lettre dans laquelle je déclarerai que, las de l'existence, j'ai mis fin à mes jours.

GIRODON

Tu es fou pour avoir de telles idées.

BONARDEL

Il se dit mon ami et il ne veut pas me tuer, le lâche... Oh! si tu me chargeais d'une mission pareille, je la remplirais avec une douce satisfaction; oui, pour t'être agréable, je te brûlerai la cervelle avec le plus grand plaisir.

GIRODON

Tu es trop bon, et je te remercie de ton vif attachement. Sois persuadé que jamais je ne te ferai une semblable demande.

BONARDEL

On ne peut jurer de rien.

SCÈNE XV.

LES MÊMES, PAQUITA, puis FRANÇOISE.

PAQUITA, *entrant.*

Voici la cuiller.

GIRODON

Inutile... Votre mari aime mieux souffrir que guérir.

FRANÇOISE, *apportant un bol.*

Monsieur veut-il prendre ce consommé ?

BONARDEL

Certainement, et je le préfère à toutes les drogues. (*Il prend le consommé.*)

GIRODON

Perdre soixante-sept francs cinquante-cinq centimes, c'est trop fort!... (*Il s'asseoit, puis se levant vivement.*) Sacristi!... J'avais oublié deux flacons dans les poches de ma redingote... Je viens de les briser... (*Il tire de sa poche quelques fragments de flacons.*) Je suis inondé... Oh! là là! que ça me pique!

BONARDEL

Pourvu que, dans ces flacons, il n'y ait pas de l'arsenic ou quelque acide...

GIRODON

De l'acide prussique, par exemple... Crédié!... (*Se frottant le bas des reins.*) Et ce farceur de Bonardel qui ne croit pas aux effets des produits pharmaceutiques!...

BONARDEL

Ce n'est rien... (*Riant.*) Quelques morceaux de verre qui auront pénétré dans... l'endroit dont tu te plains.

GIRODON

Cela se pourrait!... (*Il prend vivement tous les flacons et en courant.*) Je vais chez le pharmacien, afin qu'il s'assure de la chose.

SCÈNE XVI.

PAQUITA, BONARDEL, FRANÇOISE.

PAQUITA

Cet homme est un grand enfant!

FRANÇOISE, *riant.*

Avez-vous remarqué la venette qu'il a?

BONARDEL, *riant.*

Malgré ses souffrances, il n'a pas oublié d'emporter les flacons.

FRANÇOISE

Ce n'est pas celui-là qui attachera ses chiens avec des saucisses. Et dire qu'il m'a offert de l'or,... si je voulais...

BONARDEL, *feignant la surprise.*

Girodon t'a offert de l'or!... Sa passion pour toi est donc bien ardente?... (*Bas à Paquita.*) Imbécile que je suis, ne m'étais-je pas imaginé qu'il t'aimait!

PAQUITA, *piquée.*

Il cherche, comme tous vos compatriotes, à abuser de la crédulité des femmes. (*Fièrement.*) Ce n'est pas ainsi qu'agissent les Espagnols.

FRANÇOISE, *bas à Bonardel.*

Les Espagnols, les joueurs de castagnettes!... Eh bien! moi, je ne m'y fierais pas plus qu'aux Français!...

BONARDEL, *bas, avec intention.*

Souviens-toi toujours de quelle manière ton huissier a instrumenté.

FRANÇOISE, *bas.*

Il se fourrerait bigrement le doigt dans l'œil, celui qui voudrait me faire retomber dans le panneau.

PAQUITA

L'heure du repos approche. Françoise, venez avec moi préparer ce qu'il faut pour monsieur. (*Elles sortent par la gauche.*)

SCÈNE XVII.

BONARDEL, puis GIRODON.

BONARDEL

Tout marche selon mes souhaits... Voici le moment de baisser le rideau sur le dernier acte de ma comédie.

GIRODON, *il porte d'une main une bouteille et de l'autre se tient le bas du dos.*

Les pharmaciens ne reprennent pas les médicaments qu'ils ont vendus, dans la crainte qu'on ne les ait falsifiés... Voilà donc soixante-sept francs cinquante-cinq centimes entièrement perdus pour moi!...

BONARDEL

Qu'ont-ils dit de tes blessures ?

GIRODON

L'apothicaire d'en face m'a appliqué sur la partie affectée quelques morceaux de taffetas. Pendant qu'il me pansait, je l'ai questionné sur toutes tes maladies et sur ta répugnance pour les remèdes intérieurs. Il m'a engagé alors à te soumettre aux traitements extérieurs, et m'a affirmé que tu te débarrasseras de tous tes maux, si tu consens à porter une chaîne... comment diable l'appelle-t-il ?... une chaîne galvanique,... électrique, je crois... (*Portant la main au bas du dos.*) Oh! là là!... ça me brûle, maintenant!!... Oui, une chaîne électrique (*la tirant de sa poche et la montrant*) qui a la vertu de rendre à la santé tous les organes sur lesquels elle est placée.

BONARDEL

Voilà un remède qui ne me déplaît pas... Et quelle est cette bouteille ?

GIRODON

L'élixir de longue vie... Longue vie!... Ce titre est plein de séductions... Nous en boirons tous les deux.

SCÈNE XVIII.

LES MÊMES; PAQUITA, *portant un bougeoir allumé et un gilet de flanelle;* FRANÇOISE, *portant une bassinoire et un moine.*

BONARDEL

Onze flacons ce matin et encore deux remèdes ce soir. Tu veux donc te ruiner ?

GIRODON

Je te l'ai dit, je donnerais, pour te rendre à la santé, jusqu'à mon dernier écu.

PAQUITA, *à part, en le regardant.*

Qui croirait que cet homme aurait voulu que je fusse veuve pour m'offrir sa main?...

GIRODON

C'est que chez moi l'amitié n'est pas un vain mot.

BONARDEL

J'en ai acquis la certitude, quand tu m'as promis (*regardant Paquita*) de me remplacer si...

GIRODON, *l'interrompant vivement et bas.*

Oui, oui... c'est convenu... (*Haut, en portant la main au bas du dos.*) Crénom d'un chien!... comme ça me cuit!...

BONARDEL, *riant.*

Tu souffres toujours... (*Essayant de se lever.*) Eh bien! moi, j'éprouve un mieux sensible... (*Se levant et marchant.*) J'ai plus de force dans les jambes!

FRANÇOISE

Les guibolles paraissent plus solides. Si monsieur veut venir dans son portefeuille, je vais le lui bassiner et y mettre le moine.

PAQUITA

Je vous changerai votre gilet de flanelle.

GIRODON, *tenant d'une main la bouteille et de l'autre la chaîne.*

Et je placerai la chaîne électrique sur les organes malades, puis tu boiras un verre d'élixir de longue vie.

BONARDEL, *il descend la scène, puis se retournant.*

Quel touchant tableau!... Chacun de vous est heureux de me témoigner son attachement... Oh! qu'il me serait pénible de vous quitter en voyant l'affection que vous avez pour moi!...

FRANÇOISE

Allez, monsieur, vous n'êtes pas encore près de passer l'arme à gauche!...

BONARDEL

Paquita, j'ai promis à Françoise de prendre avec nous son enfant.

PAQUITA

Elle est donc mariée?...

FRANÇOISE, *baissant la tête.*

Madame, je suis...

PAQUITA

Vous êtes...

BONARDEL

Elle est... elle est veuve... C'est ce qui l'a obligée de se mettre en service pour faire élever son fils.

PAQUITA

Pauvre femme!... Votre mari ne vous a rien laissé?

FRANÇOISE, *même jeu.*

Il m'a laissé...

BONARDEL

Relève donc la tête... Il t'a laissée dans la misère; mais tu seras riche un jour, par la tendresse de ce fils et l'estime des honnêtes gens.

GIRODON, *ému, prenant la main de Bonardel.*

C'est bien ce que tu fais là!...

PAQUITA, *à part.*

Je n'y comprends rien... Elle est veuve... Elle a un enfant ; et ses certificats portent qu'elle est fille... Ces choses-là ne se voient qu'en France.

FRANÇOISE

Des hommes tels que vous ne devraient jamais mourir.

BONRADEL

Je ne demanderais pas mieux.

PAQUITA, *regardant Girodon.*

Moi aussi.

GIRODON

Si cela ne dépendait que de moi, tu durerais autant que les Pyramides d'Égypte.

FRANÇOISE

Et moi, blague dans le coin, je me jetterais dans le feu pour que monsieur atteignît l'âge de Mathusalem !...

BONARDEL

Merci, merci !... (*A part.*) M'aiment-ils pour moi ou pour eux ?... Qu'importe ! me voilà tranquille pour le restant de mes jours.

RIDEAU

(1882)

LE JOUR DE LA SAINT-MICHEL

COMÉDIE EN UN ACTE

A mon ami Jules Monges
Président de la Société d'Horticulture et de Botanique de Marseille

PERSONNAGES :

Henri DUBOIS.
Thérèse LAUTARD.
Deux Portefaix (personnages muets).

La scène se passe à Marseille.

LE JOUR DE LA SAINT-MICHEL (*)

Un salon en désordre. — Le piano, les meubles, les glaces, ainsi que deux corbeilles sont prêts à être emportés : l'une contient des livres, un corset et un coffret; l'autre, des bottines de femme et quelques ustensiles de ménage. — Porte dans le fond. — Portes latérales au premier plan. — Au second plan, à droite, une fenêtre à balcon et une porte à gauche. — Un bougeoir sur un meuble.

SCÈNE PREMIÈRE.

THÉRÈSE, *seule.*

(*Elle est assise sur le canapé et fermant le livre qu'elle tient.*)

Je n'ai pas la tête à la lecture... Qu'un jour de déménagement est désagréable, pénible pour une femme!... Si j'avais un mari, cela le regarderait... (*Elle se lève.*) Dans une heure, je dois remettre les clefs de mon appartement et je ne sais pas encore quand on pourra me céder celui que j'ai loué. Madame Pinatel qui l'habite, étant sur le point d'accoucher, il me faut donc attendre sa délivrance. Oh! que ce contre-temps est ennuyeux!... (*On frappe à la porte du fond.*) Je devine que c'est le locataire qui vient me remplacer. (*Elle va ouvrir et à part.*) C'est lui.

(*) Le jour de la Saint-Michel — 29 septembre de chaque année — est adopté en Provence pour prendre possession d'un logement ou pour le quitter; cette double action est appelée *faire Saint-Michel.*

SCÈNE II.

THÉRÈSE, HENRI.

HENRI, *saluant.*

Madame...

THÉRÈSE, *s'inclinant.*

Monsieur...

HENRI, *surpris, en regardant les meubles.*

Il est onze heures et demie et vous n'avez pas encore commencé votre déménagement ?

THÉRÈSE

Ce retard se produit contre ma volonté.

HENRI

Vous n'ignorez pas, madame, que, d'après l'usage, c'est à midi précis que je dois entrer en possession de l'appartement.

THÉRÈSE

L'usage !... Il est des cas où son exigence cesse, et je pense trop bien de vous pour croire que vous ne sympathiserez pas au malheur.

HENRI, *embarrassé.*

Je ne suis pas un barbare ; mais je ne puis laisser mes meubles dans la rue... (A part.) Je parie qu'elle doit son loyer et que son mobilier a été saisi par le propriétaire ! (Haut.) L'appartement que je quitte est loué. Le locataire qui prend mon lieu et place y est presque installé... Voyez l'embarras dans lequel je me trouve.

THÉRÈSE

Je le comprends .. Il y a des événements...

HENRI, *à part.*

C'est cela... Elle n'aura pas payé son loyer... (*Haut.*) Vous me paraissez une fort honnête personne... Vrai, je vois ça... Eh bien, si vous vous trouvez gênée, si votre propriétaire a mis l'embargo sur vos meubles (*prenant un billet dans son portefeuille*), voici cinq cents francs que je mets à votre disposition... Vous me les rendrez quand vous le pourrez.

THÉRÈSE, *refusant le billet.*

Je vous remercie... Mon propriétaire est payé... Mais soyez persuadé que je garderai un bon souvenir de votre confiance en moi.

HENRI

Quels obstacles s'opposent donc à la sortie de votre mobilier?

THÉRÈSE

Le logement que je vais habiter est occupé par un jeune ménage... Tantôt, quand je m'y suis présentée, le mari m'a fait part de l'état dans lequel se trouve sa femme,... état (*riant*) que l'on appelle intéressant.

HENRI, *riant.*

Très intéressant pour les accoucheurs et les confiseurs; mais il l'est beaucoup moins pour les parrains.

THÉRÈSE

Quelques minutes après, elle a poussé des cris à fendre le cœur, et son mari tout éploré m'a alors priée, suppliée d'attendre que sa femme ait accouché... Qu'auriez-vous fait à ma place?

HENRI
J'aurais fait comme vous.

THÉRÈSE
Une dame, c'est sans doute...

HENRI, *riant.*
La belle-mère qui devait être furieuse contre son gendre?...

THÉRÈSE
Non... Je crois que c'est...

HENRI
La sage-femme.

THÉRÈSE
Celle-ci m'a exhortée à la patience, en m'affirmant que tous les moments sont bons.

HENRI, *avec intention.*
Ce qui fait que vous les attendez ardemment?

THÉRÈSE, *même jeu.*
Je crois avec plus de résignation que vous-même.

HENRI
Je voudrais qu'ils ne vinssent jamais.

THÉRÈSE
Pourquoi étiez-vous donc si pressé?

HENRI, *s'inclinant.*
Je n'avais pas encore l'avantage de vous connaître.

THÉRÈSE
Vous êtes trop aimable, monsieur.

HENRI
Croyez bien que je regrette le mouvement de dépit que je n'ai pu maîtriser en entrant ici.

THÉRÈSE

Votre offre généreuse me l'avait fait oublier. (*Elle met son chapeau.*) Je vais m'informer si (*riant*) le bon moment est arrivé. (*Saluant.*) Veuillez m'attendre un instant.

SCÈNE III.

HENRI, *seul, il descend la scène.*

Cette femme est charmante!... Serait-ce une cocotte? C'est qu'aujourd'hui rien ne ressemble plus à une cocotte qu'une femme comme il faut!... Pourtant, si c'était une demi-mondaine, elle aurait accepté le billet. (*Après réflexion.*) Oui, c'est cela... Son ameublement va me renseigner sur ses habitudes et son caractère; car, d'après moi, le mobilier c'est l'homme,... la femme surtout. (*Il va ouvrir la porte de droite.*) Voici la cuisine... Tout y est propre et en bon ordre... (*Il ouvre la première porte à gauche, puis la seconde.*) Là, c'est la chambre à coucher, meublée simplement, mais avec goût et décence. Ici, c'est une pièce vide dont les meubles auront été transportés dans ce salon... Voyons ce que contiennent ces corbeilles... (*Il ouvre une corbeille.*) Des livres... (*Lisant les titres.*) J.-J. Rousseau, Victor Hugo, Bossuet (*surpris*), Émile Zola!... C'est une éclectique... Un corset!... Quel enivrant parfum il exhale!... (*Il le déroule.*) En le regardant, que de délicieuses choses l'imagination fait entrevoir!... (*Le palpant.*) Celui-ci n'ajoute et ne dissimule rien; il indique seulement des formes ravissantes. (*Il replace le corset et prend une boîte.*) Un coffret... Ce que je fais là est une indiscrétion qui frise l'abus de confiance. Mais quels que soient les secrets qu'il contient, ils mourront avec moi. (*Il l'ouvre.*) Des récépissés de la Banque qui représentent un assez joli capital... Une lettre... Elle est du vingt-sept septembre, d'avant-hier... (*Lisant*) : « Ma chère Thérèse, — joli « nom! — tu veux donc vivre dans le célibat? » (*Parlé.*) Ah! elle est demoiselle! ça me va!... (*Lisant*) : « Mon « frère avait jeté les yeux sur toi; mais sa profession « de capitaine au long-cours te l'a fait refuser, parce « que, m'as-tu dit, tu préfères mourir fille que d'être « mariée (*riant*) à demi... Songe que tu es orpheline et « que tu as vingt-trois ans... Si tu attends encore quel- « ques années, ce sera peut-être trop tard pour t'établir « avantageusement. » (*Il remet vivement la lettre dans la boîte et ferme la corbeille.*) Ce que je viens de lire me suffit. (*Il va vers la porte du fond qu'il entr'ouvre.*) J'ai cru entendre monter... (*Descendant la scène.*) Ouvrons la seconde corbeille... Des chaussures... (*Il prend une bottine.*) Qu'il doit être mignon le pied qui entre dans cette bottine!... Une bassinoire... (*Riant.*) Un vase de. . chut! (*Fermant vivement la corbeille.*) Cette fois-ci, je ne me trompe pas... c'est bien elle. (*Il se promène en fredonnant.*)

SCÈNE IV.

HENRI, THÉRÈSE.

THÉRÈSE, *ôtant son chapeau.*

Je vois avec plaisir que vous prenez gaîment votre parti.,. Vous fredonnez...

HENRI, *embarrassé.*

Je réfléchis.

THÉRÈSE

Vous réfléchissez en chantant? (*Riant.*) Si vous le désirez, je vous accompagnerai sur le piano?

HENRI

Vous vous moquez de moi!... Je cherchais à me rendre compte où je pourrais placer mes meubles... Je serai très bien ici... (*Ouvrant la croisée.*) Tiens!... il y a un balcon!... C'est bien ce qu'il me faut.

THÉRÈSE, *s'asseyant.*

Auriez-vous l'intention de briguer les suffrages de vos concitoyens?

HENRI

Pas le moins du monde... Je suis membre de la Société Florale. C'est à ce titre seul que se borne mon ambition. J'ai été médaillé pour ma rose multicolore. Voilà pourquoi j'ai éprouvé quelque satisfaction en voyant ce balcon exposé au midi. Je pourrai y cultiver mes plantes favorites.

THÉRÈSE

Cette paisible occupation fait votre éloge; car les horticulteurs sont généralement des personnes fort estimables.

HENRI, *s'inclinant.*

Merci pour eux et pour moi!

THÉRÈSE, *se levant.*

D'après les nouvelles que l'on vient de me donner, la dame dont je dois occuper l'appartement est toujours dans le même état.

HENRI

Eh bien ! nous attendrons... Je cours chez moi, afin de m'assurer si mon déménagement est terminé.

SCÈNE V.

THÉRÈSE, *seule*.

Ce monsieur a l'usage du monde et paraît bienveillant. Tout autre à sa place aurait été colère, emporté... Lui, s'est montré d'une politesse, d'une indulgence que l'on ne rencontre pas souvent un jour de Saint-Michel. Ce jour-là, la hâte est si grande, entre ceux qui arrivent et ceux qui s'en vont, qu'il est rare qu'elle ne se traduise pas par des mots désobligeants. (*S'asseyant.*) Ce jeune homme cultive les fleurs... Donc une nature douce, un cœur aimant... Il doit être riche, si j'en juge par l'offre gracieuse qu'il m'a faite avec empressement. Vrai, j'éprouve pour lui de la sympathie, plus que de la sympathie... Que notre sexe est inconséquent !... J'ai refusé de très bons partis, et voilà qu'un homme que je vois pour la première fois me fait ressentir une émotion que personne ne m'avait causée. (*Se levant.*) Chassons du cœur cette pensée; car dès que l'amour y a pénétré, uvres femmes! nous ne pouvons plus l'en bannir.

SCÈNE VI.

HENRI; *il porte un panier, dans l'anse duquel il a passé le bras gauche et tient des deux mains un grand vase contenant une plante.*

HENRI, *entrant vivement.*

nataflole la Saint-Michel !... Veuillez
Que le bon Dieu

m'excuser, madame; mais je suis furieux contre les portefaix! ils m'ont brisé un superbe service en porcelaine de Saxe.

THÉRÈSE

Voilà qui est fâcheux!...

HENRI

Vous ne devinerez jamais ce qu'ils ont imaginé pour me consoler?

THÉRÈSE

Ils ont dû vous dire qu'ils vous le remplaceraient.

HENRI

Ils s'en seraient bien gardés !... Ils se sont écriés tout bêtement, quand ma vaisselle se brisait : « Voilà un mariage! » (*)

THÉRÈSE, *riant.*

Cela ne vous a pas consolé!... Vous êtes bien exigeant... Le pronostic en valait la peine.

HENRI

Coût, au moins quinze cents francs!... A la foire, pour vingt sous, une somnambule m'aurait annoncé mon mariage et bien d'autres choses... Voyez l'économie!

THÉRÈSE

Rappelez-vous que le sage Franklin a dit que trois déménagements équivalent à un incendie.

HENRI

Aussi, afin de ne plus changer de domicile, je veux, si

(*) Je ne sais sur quoi repose cette croyance répandue dans la classe populaire. Faudrait-il l'attribuer à la cérémonie nuptiale observée par le culte israélite, dans laquelle on brise un verre au moment où les époux viennent d'être unis.

je me marie, acheter une jolie petite maison avec jardin au midi.

THÉRÈSE

Mais débarrassez-vous donc de cette plante et de ce panier. (*Elle prend le vase et va le placer près de la fenêtre.*)

HENRI

Allez doucement, je vous prie... Ce rosier m'a valu plusieurs médailles d'or... C'est moi qui suis le créateur de la rose multicolore... C'est pour cela que je ne confie à personne cette précieuse plante. (*Entr'ouvrant le panier.*) Et toi, Rominagrobis, tu n'as pas l'air de t'amuser là-dedans!

THÉRÈSE

Vous avez un chat?

HENRI

Magnifique.

THÉRÈSE, *le regardant.*

Superbe... Est-il bon pour les rats?

HENRI

Ah! je crois bien qu'il est bon pour les rats! (*Riant.*) Jamais il ne leur a fait le moindre mal.

THÉRÈSE

Si vous aviez lu attentivement votre convention, vous auriez remarqué que le propriétaire ne veut ni chien, ni chat dans sa maison.

HENRI

Les Égyptiens révéraient le chat comme un dieu. Il fut pour les Romains le symbole de la liberté, et mon propriétaire voudrait le proscrire de mes foyers!... Jamais je n'y consentirai. Du reste, mon chat ne lui causera aucun désagrément.

THÉRÈSE
Le vôtre est donc privilégié?

HENRI
Bijou — c'est ainsi qu'il se nomme — appartenait à ma marraine, vieille fille, extrêmement rigide à l'égard des mœurs. Bijou avait des passions qui se manifestaient par des cris et des agissements souvent scandaleux. La sainte fille, épouvantée des mauvais exemples que donnait son chat, me dit un jour : « Henri, ne pourrions-nous pas calmer ses ardeurs en lui faisant suivre un régime adoucissant ou un traitement médicinal? — Marraine, lui répondis-je, je porterai Bijou chez un spécialiste qui, au bout de quelques jours, le mettra dans l'impossibilité de renouveler les spectacles auxquels vos pudiques regards et ceux de vos voisines ont été exposés. » Je l'emportai, et une semaine après je le ramenai complètement guéri... Depuis lors il n'a plus été qu'un modèle de continence. (*Il dépose le panier à terre.*)

THÉRÈSE
Quelle cruauté!... Et vous avez eu ce courage?

HENRI, *baissant la tête.*
J'ai eu ce courage... (*Soupirant.*) Le chat de ma marraine a eu le sort de l'infortuné Abailard.

THÉRÈSE
Pauvre Bijou!

HENRI, *à part.*
Cette femme a le cœur tendre... (*Haut.*) Pourquoi s'en

attrister!... Vous l'avez vu ; cela ne l'a point fait maigrir... (*Riant.*) Bien au contraire... (*On entend à droite un roulement de charrettes.*) Ah! j'entends un bruit de charrettes!... (*Il va vivement à la fenêtre.*) Ce sont les portefaix qui arrivent avec mes pénates... Me voilà dans une singulière situation... Je ne puis pourtant pas laisser mes meubles sur la voie publique, sans m'exposer à une contravention!

THÉRÈSE, *ouvrant la deuxième porte de gauche.*

Vous les ferez déposer dans cette pièce qui est vide... Il y a sur le palier une porte indépendante par laquelle on les entrera. De cette façon, ils ne seront pas confondus avec les miens.

HENRI, *regardant.*

Je crains de n'y pouvoir tout placer... J'ai tant de choses!

THÉRÈSE

On ne se sait jamais si riche qu'un jour de déménagement.

HENRI, *il va à la fenêtre et crie.*

Eh! là-bas!... vous monterez ici tout ce que vous avez apporté, et je vous prie de mettre dans mon déménagement plus d'attention et de soins que tantôt. (*Prenant le panier.*) Viens, mon gros, dans un instant je vais t'élargir.

THÉRÈSE, *surprise.*

L'élargir!

HENRI

Le mettre en liberté... J'ai promis de veiller sur ses jours, d'avoir pour lui la tendresse d'un père pour son enfant.

THÉRÈSE, *riant.*

Cela n'est pas très pénible et surtout très coûteux.

HENRI, *regardant dans le panier.*

Sois certain, mon pauvre Bijou, que j'aurai toujours pour toi plus de sollicitude que ton père... Je te soignerai, te dorloterai... Je serai ton bâton de vieillesse. Et quand la cruelle mort t'aura fermé les yeux (*ému*), je te ferai... empailler !

THÉRÈSE, *riant.*

Il est évident que l'auteur de ses jours n'aurait jamais poussé si loin l'affection pour sa progéniture.

HENRI

C'est afin de récompenser mon dévoûment pour son chat que ma regrettée marraine m'a légué sa fortune. (*Soupirant.*) Seize mille francs de rente. (*On frappe à la porte du fond.*)

THÉRÈSE

Voici vos portefaix.

HENRI

Je vais leur montrer la pièce où ils devront mettre mes meubles... (*Il sort vivement par la porte du fond en emportant le panier.*)

THÉRÈSE

Il a hérité de seize mille francs de rente. Voyez donc à quoi tient la fortune ?... A un chat,... à un rien,... à une épingle que ramassera un Laffite qui deviendra le premier banquier de France. C'est égal, ce monsieur Henri est vraiment drôle !

HENRI, *entrant par la deuxième porte à gauche.*

Je suis maintenant tranquille à l'égard de mon mobilier. (*On entend un bruit de casse.*) Patatras !... (*Il va vivement vers la deuxième porte à gauche.*) Voilà une nouvelle perte !...

THÉRÈSE

Ils vous diront encore que c'est un mariage.

HENRI

Je serai alors bigame.

THÉRÈSE, *riant.*

Et célibataire.

HENRI

Hélas !... (*Il entre vivement en criant.*) Sacrebleu ! c'est une abomination !

THÉRÈSE, *qui l'a suivi jusqu'à la porte.*

Monsieur Henri, souvenez-vous de la maxime de Franklin. (*Descendant la scène.*) Il est de fait que ce brave jeune homme n'a pas de chance avec ses portefaix.

HENRI, *il rentre en manches de chemise et tient un pot dans lequel se trouve une plante.*

Veuillez m'excuser si je pénètre ainsi chez vous. Un jour de Saint-Michel, on est forcé d'agir sans cérémonie.

THÉRÈSE, *tirant sa montre.*

Depuis deux heures, c'est moi qui suis chez vous.

HENRI

Il ne dépendrait que de vous pour...

THÉRÈSE

Pour...

HENRI

Pour que ma demeure devint aussi la vôtre. (*A part.*) Le grand mot est lâché.

THÉRÈSE

Vous êtes expéditif... (*Riant.*) Seriez-vous courtier ?

HENRI

Je suis rentier.

THÉRÈSE

Cela m'étonne : il n'y a qu'un courtier pour mener aussi rondement les affaires.

HENRI

J'avoue que ma proposition a été un peu téméraire... Mais votre esprit, votre aimable humeur ont produit sur moi une telle impression que je désespèrerais de mon avenir si vous repoussiez mes vœux.

THÉRÈSE

Je ne vous cache pas que, si j'avais un choix à faire, je vous accorderais la préférence. (*Changeant de ton.*) Vous ne m'avez pas dit quels sont les objets que l'on vous a brisés ?

HENRI

Une Vénus de Milo et deux bustes d'empereurs.

THÉRÈSE

Tout cela peut se remplacer.

HENRI

Je sais bien que les empereurs sont faciles à trouver... Ce que je regrette, c'est ma Vénus de Milo.

THÉRÈSE

Bah ! il lui manquait les bras !

HENRI

Si j'étais statuaire, je serais vite consolé de cette perte.

THÉRÈSE

Que feriez-vous ?

HENRI

Je vous prierais de me servir de modèle.

THÉRÈSE, *s'inclinant.*

Encore un compliment !... Que portez-vous là ?

HENRI

Une plante tropicale (*allant la placer sur le balcon*) que je veux acclimater... (*Descendant la scène.*) Ceux qui sont dénués de poésie se moquent de ma passion pour les fleurs. Ils prétendent qu'elles ne disent rien.

THÉRÈSE

Ils se trompent... Elles ont leur langage par leur parfum, leur vif éclat. Tant de gens n'ont rien de pareil. (*Se préparant à sortir.*) Notre causerie m'a fait oublier qu'il faut que je sorte afin de savoir si...

HENRI, *riant.*

Le bon moment est arrivé. (*Il va chercher sa jaquette dont il se revêt en descendant la scène.*) Je vous épargnerai cette peine... Vous me ferez le plaisir, pendant mon absence, de veiller à ce que les portefaix ne détériorent plus mes meubles.

THÉRÈSE, *lui donnant une carte.*

Voici le nom et l'adresse de la personne dont je prends le logement.

HENRI, *regardant la carte.*

C'est là que vous allez demeurer ! (*Lisant*) : « Pinatel, expert en graines oléagineuses. » Mais je le connais cet animal-là... C'est même un de mes bons amis.

produit dans le monde, c'est afin que l'on dise : « Quelle chance a ce monsieur d'avoir une si belle créature!... » Tandis que moi, je ne t'aime que pour toi et pour moi !

CLAUDIA
Tes paroles me font du bien.

GUSTAVE
Tu crains de perdre ta position?... Ne t'ai-je pas sacrifié la mienne? J'étais employé dans une maison de nouveautés, quand tu m'as connu.

CLAUDIA
Tu étais l'amant de Nina, ma modiste.

GUSTAVE
Je l'ai abandonnée pour toi.

CLAUDIA
En serais-tu fâché?... Elle ne t'aimait pas comme je t'aime... Et puis que pouvait-elle faire pour toi, cette pauvre fille qui n'a que son aiguille pour vivre?

GUSTAVE
Ça l'avance beaucoup... Elle aurait dû prendre un riche entreteneur... (*A part.*) C'est pour cette obstination de vertu que je l'ai quittée.

CLAUDIA
Tu gagnais si peu... Quatre-vingt-dix francs par mois.

GUSTAVE
On m'aurait augmenté... Tu m'as fait renoncer à la fortune que j'aurais pu acquérir dans le commerce, afin que je n'eusse plus qu'une pensée : la tienne... J'ai obtenu, grâce à toi, le bien-être...

CLAUDIA

Et toutes les satisfactions du cœur.

GUSTAVE

Tout,... excepté...

CLAUDIA

L'estime, la considération... Oh! je sais cela!... Qui te dit que tu aurais réussi dans le commerce? Aujourd'hui, il faut, pour s'établir, de gros capitaux, et tu n'as rien,... rien... Avant que je fusse ta maîtresse, tu connaissais les privations. Tes vêtements étaient râpés, tes bottines éculées... A présent, tu es superbe; et tu te plains, ingrat?... Tu as une femme que l'on recherche pour sa beauté, qui paie toutes les dépenses... Pour toi, j'économise sur mes toilettes, sur mon train de maison, et tu oses... Allons, monsieur, venez vite faire une *bisette* à votre Claudia qui vous pardonne.

GUSTAVE

A une condition (*amoureusement*), c'est que tu me rendras mon baiser. (*Ils s'embrassent avec effusion. Regardant sur la table.*) Une lettre!

CLAUDIA

Reçue à l'instant.

GUSTAVE, *prenant la lettre.*

Que dit-elle?

CLAUDIA

Lis.

GUSTAVE, *lisant.*

« Madame, j'ai eu le plaisir de vous voir aux Italiens,
« et l'éclat de vos charmes a fait naître en moi un sen-
« timent que je veux vous exprimer de vive voix. Je

« me présenterai chez vous aujourd'hui à cinq heures
« pour connaître le sort que vous daignerez réserver à
« celui qui se dit votre très humble serviteur. D. L. V.
« Vous trouverez ci-incluse ma carte; elle vous permettra
« de vous renseigner sur ma personne. (*Lisant la carte.*)
« Le comte de La Vénerie. » Bigre! c'est un noble;
et celui-là est de la vieille roche. (*Il met la lettre et la
carte dans sa poche.*)

CLAUDIA

Tu gardes cette lettre?

GUSTAVE

J'irai prendre des informations sur ce nouveau soupirant.

CLAUDIA

A quoi bon?

GUSTAVE

On ne sait ce qui peut arriver; et s'il est riche...

CLAUDIA

Eh bien?

GUSTAVE

Nous verrons.

CLAUDIA, *surprise.*

Quoi?

GUSTAVE

C'est mon secret.

CLAUDIA

Tu en as donc pour moi?

GUSTAVE

Il ne faut jamais confier de secrets à une femme, lors même que son bonheur s'y trouverait intéressé.

CLAUDIA

Toutes les femmes ne se ressemblent pas.

GUSTAVE

L'exception confirme la règle. J'ai soif. Dans la caisse de liqueurs que t'a envoyée Durosel, il y a plusieurs bouteilles d'absinthe ; je vais en déboucher une. (*Il entre à gauche.*)

CLAUDIA, *allant à la fenêtre.*

J'entends des pas de chevaux... (*Regardant.*) C'est Durosel avec son domestique conduisant ma monture... Elle est magnifique.

GUSTAVE ; *il rentre en tenant un verre.*

Ces coquins de riches ont-ils de bonnes choses !

CLAUDIA, *descendant la scène en riant.*

Ils les paient et tu en profites... (*Vivement.*) Durosel va monter... Cache-toi...

GUSTAVE

Où ?

CLAUDIA

Là, sous cette table... Il pourrait entrer dans l'une des pièces de mon appartement et t'y surprendre. (*Lui prenant le verre des mains et le posant sur la table.*) Allons, vite, vite sous la table...

GUSTAVE, *se cachant.*

Et tu sais, il ne faudrait pas m'y laisser trop longtemps.

SCÈNE III.

LES MÊMES, DUROSEL, *en pardessus, recouvrant une redingote boutonnée, bottes à l'écuyère avec éperons, et tenant une cravache.*

DUROSEL, *ôtant son pardessus et le jetant négligemment sur un fauteuil.*

Vous êtes seule ?

CLAUDIA

Oui.

DUROSEL, *prenant sa cravache.*

Il m'avait semblé entendre...

CLAUDIA, *embarrassée.*

Oui, je chantonnais...

DUROSEL, *prenant le verre et flairant le contenu.*

Vous buvez de l'absinthe ?

CLAUDIA

J'avais des crampes d'estomac et j'ai pensé qu'elle les dissiperait.

DUROSEL, *s'asseyant sur le bord de la table.*

Seriez-vous indisposée ?

CLAUDIA

J'ai mal dormi.

DUROSEL

Il faut espérer que notre promenade au bois vous sera salutaire. Je vous engage à ne plus boire de cette liqueur qui tue ou rend idiots ceux qui s'y adonnent. Je ne la prends, ce qui m'arrive quelquefois, que comme médicament. Êtes-vous prête ?

CLAUDIA

Vous le voyez, je n'ai plus qu'à mettre mon chapeau. (*Elle entre à droite.*)

DUROSEL

Son trouble,... ce verre d'absinthe... Il y a du louche dans tout cela. (*En balançant sa jambe, il éperonne Gustave.*)

GUSTAVE

Oh !...

DUROSEL, *soulevant le tapis.*

Un homme !... Que faites-vous là ?

GUSTAVE, *se levant en se frottant le bas du dos.*

Je me reposais.

DUROSEL

Vous auriez pu choisir un endroit plus commode,... plus moelleux.

GUSTAVE

Le sommeil m'a pris subitement.

DUROSEL, *avec colère.*

Vous vous êtes introduit ici avec des intentions criminelles ; et j'ai grande envie de vous couper la figure avec ma cravache.

GUSTAVE

Les apparences sont contre moi ; croyez bien que je ne suis pas ce que vous supposez.

DUROSEL

Que venez-vous faire ?

GUSTAVE

Voir... madame Claudia.

DUROSEL

A quel titre ?

GUSTAVE

Comme ami... d'enfance... Je suis son frère de lait. C'est ce qui explique ma présence ici.

DUROSEL

Puisque vous êtes son frère de lait, il était inutile de vous cacher... Je ne suis pas un Othello, moi !... Allons, touchez-là, mon cher, puisque vous êtes mon beau-frère... de lait !...

GUSTAVE, *à part.*

Comme il me tarabuste, cet animal-là !...

CLAUDIA, *rentrant.*

Me voilà. Ma toilette vous plaît-elle ?

DUROSEL

Vous êtes ravissante.

CLAUDIA, *surprise en voyant Gustave, et à part.*

La mèche est éventée. *(Haut à Durosel.)* Vous connaissez monsieur ?

DUROSEL

Pas le moins du monde ; mais, c'est égal, je suis enchanté de savoir qu'il est...

CLAUDIA

Qui donc ?

GUSTAVE

Parbleu ! votre frère de lait.

CLAUDIA, *embarrassée.*

Je l'ai revu avec tant de plaisir... Il m'a rappelé mes premières années... Tu te souviens quand nous...

GUSTAVE

Oui, oui !... *(A part.)* Que dire ?... *(Haut.)* Tu étais un petit démon... M'en as-tu fait des espiègleries, des malices...

CLAUDIA

Et toi, quand tu mangeais mes tartines de confiture ?

GUSTAVE, *riant.*

J'ai toujours eu bon appétit.

DUROSEL

Comment se fait-il, Claudia, que vous ne m'ayez jamais parlé de votre frère de lait?

CLAUDIA

Mes amitiés de jeune fillette n'auraient guères mérité votre attention.

DUROSEL

C'est un tort; car tout ce qui vous touche m'intéresse vivement... Partons!

CLAUDIA, *regardant Gustave avec intention.*

Je ne sais si je pourrai faire une longue promenade... J'ai peur que mes crampes d'estomac ne reviennent.

GUSTAVE, *regardant Claudia.*

Ne vous pressez pas pour moi... Je vous attendrai.

DUROSEL

Je l'espère bien... (*Lui donnant une poignée de main.*) Au revoir, beau-frère!... (*Ils sortent.*)

SCÈNE IV.

GUSTAVE, *seul, le regardant sortir.*

Se moque-t-il de moi?... (*Riant.*) Il y a beau jour que je le lui rends. Que m'importent ses conjectures à mon égard... Je suis l'amant de sa maîtresse.. Il lui donne de l'argent dont je dépense la plus grande partie. De quoi me plaindrais-je?... (*Après réflexion.*) Il est clair que mon existence n'est rien moins qu'honorable, selon les idiots!... Mon objectif c'est de jouir. (*Se promenant.*) Durosel a cinquante ans; son instruction et son éducation sont fort élémentaires, et il manque de ce chic que l'on aime dans le monde des cocottes... Il veut posséder une jolie femme, aux manières distinguées ; il ne fait donc que son devoir en se montrant généreux pour elle. Moi, j'ai vingt-cinq ans, je suis beau garçon, intelligent ; j'ai de l'esprit, surtout celui qui plait aux femmes... (*Riant.*) Eh! eh! il faut que ce capital me procure des revenus... Vivre le plus agréablement possible, voilà ma devise... Que ce soit par la flûte ou par le tambour, c'est parfaitement indifférent!... Durosel a oublié son pardessus... (*Il le prend et fouille dans les poches.*) Il a un portefeuille bourré de billets de banque... Si j'en faisais disparaître quelques-uns?... Non, ce serait peut-être dangereux... Un porte-cigares (*l'ouvrant*) bien garni!... (*Il prend, en riant, des cigares qu'il met dans sa poche.*) Ceci ne tire pas à conséquence; d'ailleurs, il ne s'en apercevra pas... Grillons-en un. (*Allumant le cigare.*) Délicieux!... A coup sûr, ces cigares-là ne sont pas de la régie!... (*S'étendant sur le canapé.*) O ces exploiteurs de l'humanité!... ça a tous les plaisirs du monde... De charmantes femmes, des vins des meilleurs crûs, des mets délicats et des cigares exquis!... Je ferais volontiers dans ce moment une étude sur l'amélioration de notre état social. Savoir tirer tout à soi, voilà le but : l'homme vraiment fort est celui qui, ne faisant rien, profite du travail des autres. (*Se levant vivement.*) Déjà de retour!...

SCÈNE V.

GUSTAVE, CLAUDIA, DUROSEL.

CLAUDIA, *entrant.*

La pluie nous a obligés à rebrousser chemin.

DUROSEL

Ma chère amie, je vous engage à aller vous déshabiller... Remettons à demain notre promenade.

GUSTAVE, *à la fenêtre.*

Petite pluie; mais le ciel s'éclaircit. (*Descendant la scène.*) Ma sœur a peut-être eu froid?

DUROSEL

Votre sœur pourrait bien, comme vous le dites, s'être enrhumée... Claudia, allez vite changer de vêtements... Votre frère de lait et moi tenons trop à votre santé pour que vous ne suiviez pas nos conseils.

GUSTAVE

Un refroidissement cause souvent une bronchite, une fluxion de poitrine.

CLAUDIA

Je vous obéis. (*Elle entre à droite.*)

SCÈNE VI.

DUROSEL, GUSTAVE.

GUSTAVE

Cette bonne Claudia a besoin de tant de ménagements!

DUROSEL

A qui le dites-vous!...

GUSTAVE

Elle vous est si dévouée, si reconnaissante de vos attentions, de vos tendres soins.

DUROSEL
Son bonheur est mon unique préoccupation.
GUSTAVE
Elle mérite toute votre sollicitude...
DUROSEL
En êtes-vous sûr?
GUSTAVE
Comme vous pouvez l'être de ma sympathie pour vous.
DUROSEL
La mienne vous est également acquise. (*Il va prendre son porte-cigares, l'ouvre et à part.*) J'ai, ce matin, rempli mon porte-cigares et il ne m'en reste plus que trois... Que sont devenus les autres?... (*Haut.*) Beau-frère, en désirez-vous?
GUSTAVE
Merci... Vous le voyez, je fume.
DUROSEL
Votre cigare a une ressemblance parfaite avec les miens.
GUSTAVE
C'est un cigare de contrebande.
DUROSEL, *avec intention.*
Oui, je m'en suis aperçu... Voulez-vous me donner du feu?
GUSTAVE
Avec plaisir... Vous me permettrez de me retirer; une affaire pressante...
DUROSEL, *lui rendant le cigare.*
Je ne vous retiens pas... Entre beaux-frères, on doit agir sans façon.

GUSTAVE, *sortant.*

A tantôt !

DUROSEL, *l'accompagnant.*

A bientôt !

SCÈNE VII.

DUROSEL, puis CLAUDIA, *en négligé élégant.*

DUROSEL, *descendant la scène.*

Cet homme n'est qu'un misérable... J'ai eu l'air d'entrer dans son jeu, afin de le voir s'enferrer... Le madré s'est tenu sur ses gardes.

CLAUDIA, *entrant.*

Vous êtes seul, mon ami ?

DUROSEL

Depuis un instant. Claudia, racontez-moi donc comment vous avez connu cet individu qui se dit votre frère de lait ?

CLAUDIA, *hésitante.*

En nourrice.

DUROSEL, *s'asseyant sur le canapé.*

Vous m'avez dit, si mes souvenirs sont exacts, que vous aviez été allaitée par une chèvre.

CLAUDIA

C'est possible... Cela a laissé si peu de trace dans ma mémoire.

DUROSEL

En admettant que ce monsieur... Vous l'appelez ?

CLAUDIA, *s'asseyant près de Durosel.*

Gustave.

DUROSEL

En admettant que vous ayez eu la même nourrice, je ne pense pas que la tendresse maternelle d'une chèvre pour ses nourrissons ait pu vous inoculer avec son lait des sentiments d'une fraternité bien sérieuse. Monsieur Gustave doit avoir vingt-cinq ans... Vous en avez?...

CLAUDIA, *minaudant*.

Voilà une question que l'on n'adresse pas à une femme.

DUROSEL

Afin de ne pas la pousser à mentir... Selon moi, il y a entre vous et lui une différence de sept à huit ans.

CLAUDIA

Je parais donc bien vieille?

DUROSEL

Une femme, vous le savez, n'a que l'âge qu'elle paraît avoir; mais à l'état-civil on apprend la vérité, et là, vous avez trente-trois ans.

CLAUDIA

Tant que ça!... Bien que Gustave soit plus jeune que moi, ayant eu la même mère nourrice, nous nous sommes pris en amitié... Je l'ai bercé, dorloté, amusé; il était si gentil, si caressant...

DUROSEL

Le pauvre petit!...

CLAUDIA

Je l'avais tout-à-fait oublié, quand, vingt ans après, et par le plus grand des hasards, nous nous sommes rencontrés.

DUROSEL
Vous vous êtes reconnus tout de suite?

CLAUDIA
Nous avons alors causé du passé, de notre première enfance, et vous comprenez…

DUROSEL, *se levant vivement.*
Claudia, voulez-vous savoir ce que je comprends?

CLAUDIA
Je vous écoute.

DUROSEL
Eh bien! cet homme-là est votre amant!…

CLAUDIA, *se levant.*
Mon amant!… Mais ce serait de ma part le comble de l'ingratitude.

DUROSEL
Dites plutôt de la perfidie.

CLAUDIA
C'est là une supposition insensée que la jalousie peut seule faire excuser.

DUROSEL
Être jaloux, c'est se rabaisser. Il est vrai qu'il y a des femmes qui se livrent à des êtres abjects, à des parasites, à des Gustaves. Je m'estime assez pour ne pas être jaloux de ces sortes de gens.

CLAUDIA
Vous jugez mal Gustave.

DUROSEL
Quelles sont ses occupations?… Comment vit-il?…

CLAUDIA

Il est .. courtier...

DUROSEL

De quoi ?

CLAUDIA

D'immeubles,... de...

DUROSEL

De... Allons donc !... Son métier c'est d'être aux crochets des créatures qui ont pu ou qui peuvent l'écouter !...

CLAUDIA, *avec colère.*

Oh ! vous êtes impitoyable !...

DUROSEL, *jetant son cigare.*

Claudia, quand je vous ai connue, vous veniez d'être délaissée par un honnête homme que vous aviez trompé... avec quelque Gustave, sans doute... (*Riant.*) Peut-être était-ce un autre frère de lait. Incapable de reprendre votre état de couturière, dont vous aviez perdu l'habitude, ou trop orgueilleuse pour vous remettre au travail, vous voulûtes vous asphyxier, afin d'échapper à la misère qui devenait de jour en jour plus noire.

CLAUDIA, *crispée et tombant assise sur le canapé.*

Je vous en conjure, ne me renouvelez pas ces tristes souvenirs !...

DUROSEL

Laissez-moi continuer. Vous voulûtes vous asphyxier... Mais un voisin arriva à temps pour vous arracher à la mort. Je vous connaissais et, dès que j'eus appris votre tentative de suicide par les journaux, je me rendis auprès de vous ; je fis appeler un médecin, et tous les soins que réclamait votre situation vous furent donnés... Quelques jours après votre rétablissement, je vous dis : « Claudia, vous êtes malheureuse et vous m'intéressez... Je suis libre et riche ; voulez-vous être à moi?... Je vous assure, tant que je vivrai, une existence agréable et une rente viagère de vingt mille francs après ma mort. »

CLAUDIA, *abattue.*

Que de mal vous me faites, en me rappelant votre généreuse action!...

DUROSEL

Vous m'y forcez... Ai-je une fois, une seule fois manqué à ma parole ?

CLAUDIA

Jamais.

DUROSEL

Que m'avez-vous promis ?

CLAUDIA

Tout ce qu'une femme peut promettre à son amant, à son sauveur.

DUROSEL

Et moi, plein de confiance, j'ai cru à vos serments... (*Après réflexion.*) Il y a sept ans de cela.

CLAUDIA, *soupirant.*

C'est vrai.

DUROSEL

Sept ans, c'est bien long pour certaines femmes qui ne se souviennent plus le lendemain de leurs promesses de la veille... Niais que je suis, je m'étais imaginé que votre passé aurait été pour vous une garantie pour l'avenir... La mémoire des femmes comme vous est aussi oublieuse que leur cœur... On finit par tomber du côté par où l'on penche... Subissez donc votre destinée.

CLAUDIA, *se levant.*

Vos soupçons sont injustes, mon ami, et il me serait facile (*minaudant*), si vous étiez plus raisonnable, de vous prouver que je n'ai jamais cessé de vous aimer. (*Elle va pour l'embrasser.*)

DUROSEL, *la repoussant.*

Renoncez à cette comédie : elle ajoute l'impudence à la trahison. Je vous donne deux mille francs par mois... Vous en dépensez à peine la moitié... Où placez-vous le reste ?

CLAUDIA

Le reste ?... Mais je n'ai rien... Je fais tant d'aumônes !... Les œuvres de charité absorbent mes économies... Je suis harcelée à tout instant... Ce sont des mères de famille, des orphelins, des vieillards... Voilà où passent mes épargnes.

DUROSEL

Je serais fort heureux qu'elles fussent aussi bien employées.

CLAUDIA

Donner aux pauvres, vous le savez, c'est prêter à Dieu.

DUROSEL, *avec colère.*

Ce n'est pas là qu'elles vont vos économies.

CLAUDIA

Encore ?... Que vous êtes obstiné, mon cher Durosel !

DUROSEL

Cet homme ne doit plus reparaître ici... C'est à vous de choisir de lui ou de moi. Il va venir... J'ai à l'entretenir... Laissez-nous... (*Elle entre à gauche.*)

11

SCÈNE VIII.

DUROSEL, *seul, prenant un cigare qu'il allume.*

L'inconstance de Claudia est ma faute... Elle a abusé de la trop grande liberté que ma confiance lui laissait. On croit si aisément aux illusions qui flattent notre amour-propre... Du reste, en ces sortes de liaisons, il est rare qu'il n'y ait pas une dupe et un dupeur. La dupe c'est moi... Le dupeur,... le voici.

SCÈNE IX.

DUROSEL, GUSTAVE.

GUSTAVE; *il entre en fumant et surpris.*

Je n'espérais pas vous retrouver!...

DUROSEL, *se levant.*

En nous séparant, nous nous sommes dit : « A bientôt. »

GUSTAVE, *contrarié.*

En effet.

DUROSEL

Vous pensez bien qu'avant que l'un de nous deux cède la place à l'autre, nous devons avoir une explication au sujet de votre présence chez Claudia... Me direz-vous quel est le motif qui vous y amène?

GUSTAVE

Notre amitié d'enfance.

DUROSEL

Vous ne vous connaissez que depuis quelques années.

GUSTAVE, *surpris.*

Elle vous l'a avoué?

DUROSEL, *avec hauteur.*

Je n'ai pas à répondre à vos questions ; vous devez répondre aux miennes. Quelles sont vos intentions, en fréquentant Claudia ?

GUSTAVE, *embarrassé.*

Me marier avec elle.

DUROSEL

Malgré ce que vous savez ?

GUSTAVE

Malgré ce que je sais

DUROSEL, *jetant son cigare.*

Eh bien ! franchement, votre résolution me plaît... C'est de l'héroïsme !...

GUSTAVE, *riant.*

De l'égoïsme... Claudia a gagné de l'argent dans... sa profession... Et puis une femme a toujours des ressources.

DUROSEL

Surtout quand elle est jolie... Si vous appliquez le mot de profession à ses relations avec moi, vous êtes indulgent.

GUSTAVE

Bah ! Si l'on recherchait l'origine de bien des fortunes, on verrait que, le plus souvent, elles ne sont pas le produit de l'honnêteté.

DUROSEL, *surpris.*

Vous paraissez instruit?

GUSTAVE

J'ai fait mes classes.

DUROSEL, *riant.*

C'était inutile pour le métier que vous exercez.

GUSTAVE, *surpris.*

Mon métier?... Moi, je ne fais rien.

DUROSEL

Et vous vivez?

GUSTAVE, *embarrassé.*

Comme je puis.

DUROSEL

Claudia m'a dit que vous étiez courtier d'immeubles.

GUSTAVE, *vivement.*

Oui, oui, je suis courtier d'immeubles.

DUROSEL

Pourriez-vous m'en indiquer un; je l'achèterais volontiers, quel qu'en fût le prix?

GUSTAVE

Je n'ai actuellement rien à vous offrir... (*A part.*) Il commence bigrement à m'ennuyer.

DUROSEL

Il est surprenant qu'avec toutes les propriétés qui sont en vente, vous n'en ayez pas une à me proposer.

GUSTAVE, *se contenant.*

En ce moment, je n'ai guère la tête aux affaires.

DUROSEL

Monsieur Gustave (*avec douceur*), permettez-moi de vous parler comme un père le ferait à son fils .. Vous êtes jeune, vous avez la force, la santé, l'instruction... Avec cela on peut, on doit réussir. Un vaste champ est maintenant ouvert aux intelligences.

GUSTAVE

C'est là une vieille guitare à l'usage des naïfs.

DUROSEL, *appuyant*.

Avec cette vieille guitare, le peuple est devenu l'arbitre de ses destinées. Nous avons à présent des écoles jusque dans le moindre hameau. Le savoir n'est plus la propriété exclusive d'une classe privilégiée ; il appartient maintenant à tous ceux qui le veulent avec énergie.

GUSTAVE

Toutes les carrières sont encombrées, grâce à l'instruction trop répandue... Il n'y a plus de place pour qui veut se faire un trou. Aujourd'hui, tout le monde est bachelier ou prêt à le devenir.

DUROSEL

Tout le monde (*riant*) excepté moi... Allons, je vois que vos idées sont arrêtées, et que le travail n'est point dans vos goûts.

GUSTAVE

Cependant si l'on m'offrait un emploi bien rétribué...

DUROSEL

Et où il n'y aurait rien à faire, vous l'accepteriez... Jeune homme, rappelez-vous que la vie est une lutte. Moi-même, je ne dois ma fortune qu'à mes propres efforts, à ma persévérance, à ma fermeté. Fils d'un mo-

deste employé, mes études ne furent pas continuées...
A vingt-cinq ans, à ma sortie du régiment...

GUSTAVE

Vous avez été soldat ?

DUROSEL

J'ai voulu payer ma dette à la patrie, avant de la quitter pour ne plus la revoir peut-être.

GUSTAVE, *riant.*

C'est du chauvinisme...

DUROSEL

Comme beaucoup de Français, vous riez du chauvinisme... Les autres peuples ont davantage conservé leur orgueil national... Vous n'avez pas servi, vous ?

GUSTAVE

J'ai été plus malin : je me suis fait exempter.

DUROSEL, *avec intention.*

La patrie nourrit trop mal ceux qui sont chargés de la défendre... C'est sans doute par l'intervention de quelque femme que vous avez été exonéré du service militaire ?... Faible de constitution,... n'est-ce pas ?

GUSTAVE, *riant.*

J'ai été reconnu faible de constitution.

DUROSEL

Honte à ceux qui se laissent corrompre par les femmes ou par d'autres moyens de séduction, quand il s'agit des intérêts de son pays !... Dès que j'eus mon congé, je m'embarquai pour la Californie.

GUSTAVE

Vous n'avez pas eu peur de la mer?

DUROSEL

Non, mais j'avais peur de la misère. Arrivé à San-Francisco, je me rendis dans les placers où, après trois années d'un labeur opiniâtre et d'une sobriété bien rare chez les chercheurs d'or, je parvins à réaliser une quarantaine de mille francs. Je partis avec cet argent pour New-York et l'employai en achats de vêtements... Je retournai aux placers avec mes marchandises, dont la vente, au bout de six mois, doubla mon capital. Cette opération fut renouvelée avec le même succès pendant près de cinq ans; et, quand j'eus amassé une somme assez ronde, je revins avec bonheur dans mon pays.

GUSTAVE

La nourriture là-bas doit être détestable... Un travail pénible exige de bons aliments.

DUROSEL, *riant*.

Je conviens que je suis mieux traité à Paris que je ne l'étais dans les placers. Cette nourriture suffisait alors à mes besoins. A vingt-cinq ans, ce n'est pas le travail qui nuit à la santé, ce sont les femmes, le jeu et la boisson... J'arrivai donc en France avec cinq cent mille francs.

GUSTAVE

Tant que ça!

DUROSEL

Je les plaçai en actions du Canal de Suez qui valaient de trois cents à trois cent cinquante francs, et, par suite de cette combinaison, mes cinq cent mille francs ont été plus que quintuplés.

GUSTAVE, *calculant.*

Ce qui représente près de trois millions... C'est joli !...

DUROSEL

J'ai travaillé... J'ai été prudent, économe, et Dieu a fait le reste.

GUSTAVE

Un autre que vous serait peut-être mort dans ces contrées affreuses, où, pour ramasser (*avec dédain*) quelques paillettes d'or, il fallait s'échiner et s'imposer des privations.

DUROSEL

Si j'y avais trouvé la mort (*riant*), je n'aurais plus eu à m'occuper de mon avenir... Vous tenez beaucoup à la vie, vous ?...

GUSTAVE, *riant.*

Je ne suis pas le seul à avoir cette faiblesse.

DUROSEL

Vous connaissez mon histoire.

GUSTAVE

Voici la mienne : Ma mère, veuve d'un agriculteur, voulait que je fusse avocat. Elle me mit au collège, d'où je ne sortis que pour faire mon droit. J'étais plongé dans les servitudes et les murs mitoyens, lorsqu'elle mourut. Dès que j'appris cette nouvelle, j'envoyai le Code à tous les diables et ne songeai plus qu'aux plaisirs... Ils coûtent cher à Paris... Aussi, dans l'espace d'une année, ils absorbèrent mon petit avoir... Quand je n'eus plus rien à mettre sous la dent, j'entrai dans une maison de nouveautés, où je ne restai que peu de temps ; puis...

DUROSEL

Puis ?...

GUSTAVE, *embarrassé*.

J'ai fait autre chose... Le sot orgueil de ma mère m'a été fatal.

DUROSEL

Le sot orgueil de votre mère !... Et vous osez lui reprocher son ambition pour vous... Ah ! vous êtes un mauvais fils !...

GUSTAVE, *à part*.

Il m'agace avec ses observations !

DUROSEL

Si vous aviez été rangé, laborieux, cet héritage aurait pu vous permettre de continuer votre droit et partant de devenir avocat... Mais reprenons notre conversation... Vous voulez épouser Claudia, vous le lui avez promis.

GUSTAVE

C'est une ruse à laquelle j'ai eu souvent recours, non pas à l'égard de Claudia *(appuyant)*, que j'ai toujours respectée, mais avec des femmes à qui je promettais le mariage, afin de...

DUROSEL

Vous n'achevez pas ?...

GUSTAVE, *embarrassé*.

Afin de n'avoir rien à dépenser avec elles... Celui qui veut se marier ne doit-il pas économiser pour faire face aux frais que nécessitera l'installation de son ménage ?

DUROSEL

Tiens, tiens! cela n'est pas bête.. Et alors, tant que vous êtes son amant, c'est la femme qui paie?

GUSTAVE, *riant.*

Hein! avouez que c'est adroit?

DUROSEL

Adroit!... On pourrait employer une autre épithète.

GUSTAVE

Les femmes, il faut les exploiter... Elles nous trompent si souvent.

DUROSEL

J'en sais quelque chose... Cependant vous n'avez pas à vous en plaindre?

GUSTAVE

Moi?... Oh! cela m'est bien égal qu'elles me soient infidèles!...

DUROSEL

Pourvu que vous ayez bonne chère et bon lit. (*Riant.*) Un lit meilleur que celui que vous aviez choisi .. sous cette table.

GUSTAVE, *avec hauteur.*

Il ne faudrait pas cependant supposer que je sois un de ces hommes... sans nom?

DUROSEL, *avec intention.*

Je ne le suppose pas, monsieur!... Vous allez vous entendre avec Claudia, et, si elle consent à s'unir avec vous, soyez assuré que je n'y mettrai aucun empêchement, au contraire. (*Il va ouvrir la porte et appelant.*) Claudia, on vous attend!... (*Il sort.*)

SCÈNE X.

GUSTAVE, CLAUDIA.

CLAUDIA, *entrant vivement*.

Qu'a dit Durosel ?

GUSTAVE

Il désire savoir si tu veux devenir ma femme ?

CLAUDIA

Ne la suis-je pas ?

GUSTAVE

Il faut que notre union (*riant*) soit sanctionnée et liée par l'écharpe municipale.

CLAUDIA

Tu t'y déciderais ?

GUSTAVE

C'est probable.

CLAUDIA

Et puis quelle serait notre situation ?... Tu n'as rien... tu ne fais rien.

GUSTAVE

Si tu parvenais à lui soutirer une certaine somme, nous monterions un établissement où l'on jouerait, où l'on souperait... Là, avec du plaisir, nous aurions de gros profits. Dans la société, c'est le vice qui rapporte le plus.

CLAUDIA

Et s'il s'y refuse, que ferai-je ?

GUSTAVE

Ce que tu fais.

CLAUDIA

Tu souffrirais, étant la femme (*appuyant*) légitime, que je...

GUSTAVE

J'en connais bien d'autres qui n'ont pas tes scrupules.

CLAUDIA, *tombant assise sur le canapé.*

Oh! tu me fais frémir!... Ne serait-il pas préférable, si j'obtiens quelque argent de Durosel, de nous retirer à la campagne, dans un endroit isolé?

GUSTAVE

Je n'aime pas les bucoliques, les pastorales. Il me faut les cercles, les réunions publiques, le mouvement, et cela ne se trouve qu'à Paris.

CLAUDIA

Je serais si heureuse loin du monde.

GUSTAVE

Vas-y, si tu veux.

CLAUDIA

Et toi?

GUSTAVE, *l'observant.*

Je retournerai auprès de Nina.

CLAUDIA, *se levant vivement.*

Garde-t-en bien!... (*Amoureusement.*) Vrai, tu m'épouseras?...

GUSTAVE

Oui; mais il faut pour cela que Durosel te donne la somme nécessaire à mes projets.

CLAUDIA

Je vais essayer... Il a été si bon pour moi!...

GUSTAVE

Qui t'empêcherait de le conserver?

CLAUDIA

Ton honneur.

GUSTAVE, *riant.*

Ne dis donc pas des bêtises!... Du reste, s'il te délaisse, il sera vite remplacé.

CLAUDIA

Par qui?

GUSTAVE

Tu le sauras plus tard... En attendant, va me chercher mon vermouth.

CLAUDIA

Gustave, que de chagrins tu me prépares!...

GUSTAVE, *l'accompagnant en l'embrassant.*

Quoi qu'il advienne, ma chère Claudia, ton sort sera le mien dans le bonheur comme dans le malheur. (*Elle sort par la gauche.*) Les femmes sont toutes les mêmes, l'exagération est dans leur tempérament. (*S'arrêtant devant le pardessus.*) Durosel a oublié son portefeuille... Si je lui chipais quelques billets de mille... Il m'a trop mécanisé pour que j'use de ménagements envers lui. (*Il ouvre le portefeuille et prend trois billets.*) On appelle maintenant ce que je fais là (*riant*), rétablir l'équilibre social... Je suis encore un brave garçon, puisque, au lieu de m'emparer de la totalité, je n'en soustrais qu'une faible partie. (*Réfléchissant.*) La loi est illogique... J'emprunte une somme avec l'intention de ne jamais la rendre. Cela se voit journellement. Eh bien! cet acte-là est considéré comme une dette par le Code civil; c'est cependant une escroquerie, une friponnerie... Mais si je m'approprie ce qu'un autre a obtenu par la ruse et le mensonge, je deviens passible du Code pénal. (*Il met les billets dans sa poche et va remettre le portefeuille dans celle du pardessus.*) La nuit dernière, j'ai perdu cinq cents francs au baccara... Avec cet argent, je vais non seulement les rattraper, mais encore doubler ou tripler ma mise.

CLAUDIA, *apportant un verre.*

Voici ton vermouth.

GUSTAVE, *buvant une partie du contenu.*

Tu es la crème des femmes. (*La prenant par la taille.*) Tu es pleine d'attentions pour ton bébé. (*L'embrassant.*) C'est à cause de cela qu'il a voué tout son amour à sa bonne petite maman.

CLAUDIA, *s'asseyant sur le canapé.*

Que ne ferais-je pour le conserver!... Vois-tu, Gustave, je crains toujours que quelque femme ne me ravisse ton cœur...

GUSTAVE, *à ses genoux, en lui baisant les mains.*

Peux-tu douter de ton pouvoir sur moi, après les serments que je n'ai cessé de te faire depuis l'heureux jour où nous nous sommes donnés l'un à l'autre?...

CLAUDIA, *l'embrassant.*

Oui, tu m'as constamment juré que tu n'appartiendrais jamais qu'à moi (*appuyant*), à moi seule. (*Elle se lève et lui présentant le verre.*) Achève de boire... Durosel va rentrer et la vue de ce verre pourrait le contrarier.

GUSTAVE, *se levant.*

Tu as raison; nous avons besoin de le ménager. (*Il boit.*)

CLAUDIA, *emportant vivement le verre.*

Je crois l'entendre...

GUSTAVE

C'est bien lui.

SCÈNE XI.

GUSTAVE, DUROSEL, *en costume de ville,* puis CLAUDIA.

DUROSEL, *entrant.*

Qu'avez-vous décidé ?

GUSTAVE

Claudia va vous le dire... (*A Claudia qui rentre.*) Monsieur me demandait ce que nous avions résolu ?

CLAUDIA

Les intentions de Gustave sont toujours les mêmes ; mais... (*A part.*) Comment lui dire cela ?...

DUROSEL

Mais...

CLAUDIA, *avec embarras.*

Il voudrait que j'eusse une dot, afin de nous établir.

DUROSEL

Ah ! il veut de l'argent !...

GUSTAVE

Pour monter un établissement.

DUROSEL

Quel genre d'établissement ?

GUSTAVE

Une maison meublée.

DUROSEL, *avec intention.*

Pour hommes ou plutôt pour... Je comprends... Et il vous faudrait?...

GUSTAVE

Vingt à vingt-cinq mille francs.

DUROSEL

Vous les aurez, Claudia, quoique vous ne les méritiez pas... En pensant à moi, si toutefois vous y pensez, vous vous direz : « Durosel m'a aimée et il l'a prouvé jusque dans mes infidélités. » (*Prenant son portefeuille.*) Ce portefeuille contient vingt-cinq mille francs. Je devais aujourd'hui les verser pour un don que je fais aux Orphelins de la guerre; mais ils ne perdront rien; demain je m'acquitterai envers ces pauvres enfants.

CLAUDIA

Vous faites un noble usage de votre fortune. Que de malheureux vous secourez, mon bon Durosel!... Vous n'attendez pas qu'ils viennent à vous; c'est vous qui allez à eux.

DUROSEL, *avec ironie, en observant Claudia.*

Et j'en suis parfois bien récompensé. (*Donnant le portefeuille.*) Voici les vingt-cinq mille francs.

GUSTAVE, *tendant vivement la main pour prendre le portefeuille.*

Soyez persuadé, monsieur, que, tant que je vivrai, je me souviendrai...

DUROSEL

Ce n'est pas à vous que je les donne, c'est à madame.

CLAUDIA

Que ce soit à lui ou à moi...

GUSTAVE

Puisque nous devons nous marier.

DUROSEL, *le fixant.*

Je réfléchis... Cet argent ne sera remis qu'à titre de dot et pardevant notaire.

GUSTAVE, *contrarié.*

Vous vous méfiez de nous ?

DUROSEL

De vous, oui.

GUSTAVE

Je ne croyais pas mériter une pareille injure, après le sacrifice que je fais en donnant mon nom à votre maîtresse.

DUROSEL ; *il laisse, en s'animant, tomber le portefeuille dont les billets s'éparpillent sur le sol.*

Cette femme était plus honorable lorsqu'elle était ma maîtresse qu'elle ne le sera, sans doute, quand elle deviendra votre épouse !... (*Il ramasse les billets.*)

GUSTAVE, *élevant la voix.*

Vous me parlez avec une audace que vous n'auriez peut-être pas si vous étiez plus jeune.

DUROSEL

Faites le fanfaron devant les femmes et non devant moi. Vous tenez trop à votre existence pour l'exposer dans un duel.

CLAUDIA, *se plaçant entre eux.*

Pourquoi vous quereller ?... Durosel est l'esclave de

sa parole... Il m'a promis vingt-cinq mille francs; je les aurai.

DUROSEL, *comptant les billets.*

C'est singulier... J'avais vingt-cinq billets de mille francs et je n'en trouve que vingt-deux !...

CLAUDIA

Ils n'ont pas été pris chez moi. Personne n'y est venu.

GUSTAVE, *embarrassé.*

Monsieur aura fait erreur en les comptant (*appuyant*) ou les aura perdus.

DUROSEL, *le fixant.*

En tous cas, mes trois mille francs ne sont pas perdus pour tout le monde.

GUSTAVE, *contrarié.*

Claudia, vous n'auriez pas vu ces billets ?

CLAUDIA

Non.

DUROSEL

J'ai laissé ici des sommes plus importantes et je les ai toujours retrouvées intactes. Il est vrai que madame ne recevait alors que moi. (*A Claudia.*) Voulez-vous que je vous montre le voleur ?

CLAUDIA, *émue.*

C'est inutile.

GUSTAVE, *avec hauteur.*

Suspecteriez-vous mon honorabilité ?... Oh ! vous abusez cruellement de votre position et du respect que m'impose votre âge !

DUROSEL

J'ai les numéros de ces billets et je vais porter ma

plainte afin de faire arrêter celui qui les mettra en circulation.

CLAUDIA

Vous allez vous venger?

DUROSEL

On ne se venge pas des gens qu'on méprise; mais quand ce sont des voleurs, on doit les livrer à la justice.

CLAUDIA, *tombant aux genoux de Durosel.*

Ne faites pas cela, je vous en supplie!

DUROSEL, *réfléchissant.*

Non, je ne le ferai pas... Il me faudrait paraître devant les tribunaux avec un filou qui était l'amant de ma maîtresse... Ce serait honteux pour moi... (*Satisfaction de Gustave.*) Je vous quitte, Claudia, et vous plains de toute mon âme. Vous êtes la proie d'un misérable qui fait de vous son odieux gagne-pain... Vous avez parlé de vengeance (*le montrant du doigt*); c'est lui qui me vengera!...

CLAUDIA, *se levant en sanglotant.*

Assez! assez!... Durosel, ne me maudissez pas!... (*Gustave, comprimant sa colère, se promène pendant ce dialogue.*)

DUROSEL

Il a capté votre confiance... Il vous a dit qu'il vous aimait.

CLAUDIA

Il l'a dit et je le crois.

DUROSEL

Que demain une autre femme, fût-elle vieille, laide,

méprisable, mais riche, lui donne plus d'argent que vous, et il vous abandonnera pour elle... Oisif, désœuvré, il doit être libertin, joueur, débauché... Il faut bien qu'il tue le temps, comme le disent les individus de sa trempe. Et pour cela il lui faut *(le regardant)* des billets de banque!

GUSTAVE, *s'arrêtant.*

Claudia, n'ayez jamais le moindre doute sur mon affection qui ne s'éteindra qu'avec moi.

DUROSEL

Taisez-vous, car vous mentez!... Claudia, quand vous serez dans la misère, venez à moi, et vous trouverez encore un ami qui vous tendra la main. *(Pendant qu'il prend son pardessus, Claudia va pour le retenir; mais Gustave l'arrête d'un regard menaçant.)* Adieu, adieu!... *(Il fait quelques pas pour sortir, puis redescend en désignant Gustave.)* Voilà pourtant les hommes que ces femmes préfèrent!... *(Il sort vivement.)*

SCÈNE XII.

GUSTAVE, CLAUDIA.

GUSTAVE

Il est parti!... *(Haut, avec bravade.)* S'il eût resté un moment de plus, je l'aurais jeté par la fenêtre.

CLAUDIA, *tombant abattue sur le canapé.*

Tu l'as volé... Oh! cela est horrible!...

GUSTAVE

Les riches sont les sangsues du peuple... Les voler, c'est leur reprendre ce qu'ils nous ont pris.

CLAUDIA.

Ce que tu dis là est affreux... Tu as aujourd'hui des idées que tu n'avais pas autrefois.

GUSTAVE, *riant.*

Autrefois, j'étais un simple d'esprit... Le progrès m'a ouvert les yeux.

CLAUDIA, *soupirant.*

Et fermé ton cœur aux nobles sentiments.

GUSTAVE, *la menaçant.*

Ne t'avise plus de me parler ainsi !...

CLAUDIA, *avec douceur.*

Je suis tellement troublée de tout ce que je viens d'entendre, que, si je t'ai offensé, ç'a été sans le vouloir.

GUSTAVE, *riant.*

Tu as cru que Durosel allait me faire emprisonner ?

CLAUDIA, *se levant.*

C'était son droit, puisque tu l'as... volé.

GUSTAVE

Sache bien qu'on peut voler inpunément les personnes du monde, quand on est mêlé à leurs intrigues... Elles ne se plaignent pas, parce qu'elles craindraient que le coupable ne dévoilât les secrets de leurs galanteries. Cela compromettrait (*riant*) la considération dont elles jouissent, causerait du scandale; c'est ce qu'elles redoutent.

CLAUDIA, *réfléchissant.*

A présent que je n'ai plus Durosel, qu'allons-nous devenir ?...

GUSTAVE

Que tu es niaise de t'inquiéter!... (*Tirant sa montre.*) L'heure approche... Le comte ne tardera pas...

CLAUDIA

Quel est cet homme ?

GUSTAVE

Le comte de La Vénerie, l'auteur de la lettre que tu as reçue ce matin... Celui-là n'est pas un parvenu comme ton Durosel; il a des équipages superbes dont les panneaux portent ses armoiries : « D'azur à trois massacres de cerf d'or. »

CLAUDIA

Je n'entends rien à la science héraldique.

GUSTAVE

Elles représentent, en termes vulgaires, trois têtes de cerf ornées de leurs ramures, soit trois paires de cornes. (*Riant.*) Une demi-douzaine!... Ce comte-là est prédestiné par ses nobles ancêtres, et il ne nous... embêtera pas comme ton butor de Durosel.

CLAUDIA

Aie un peu plus de respect pour cet excellent homme et laisse-moi lui garder toute ma gratitude et le regretter.

GUSTAVE

Le regretter, folle que tu es, quand tu vas le remplacer par un archimillionnaire qui te donnera deux fois plus que Durosel! Sais-tu combien le comte payait son ancienne maîtresse ?... Quatre mille francs par mois; et tu pourras (*appuyant*), si tu sais faire, obtenir davantage ; car elle ne te vaut pas.

CLAUDIA, *avec satisfaction.*

Vrai, je suis mieux qu'elle ?

GUSTAVE

Quatre mille francs par mois !... Quelle belle vie nous allons mener !... Nous n'aurons pas à nous gêner avec lui... Tu lui diras carrément que tu es ma tante et que je vis chez toi.

CLAUDIA

Un neveu de ton âge... Ça me vieillit... Je préférerais lui dire que je suis ta sœur.

GUSTAVE

Va pour ma sœur, si cela te plaît !... (*Haussant les épaules.*) Moi, je ne suis pas fier.

CLAUDIA

Mais s'il apprend que cette parenté est un mensonge, qu'au lieu d'être mon frère, tu es...

GUSTAVE

Il ne s'en informera même pas... Il a une confiance illimitée dans le sexe faible. (*Riant.*) Quand on a pour blason trois massacres de cerf, on se préoccupe peu de la fidélité de ses maîtresses.

CLAUDIA, *avec intention.*

C'est quelque femme qui t'a fourni ces renseignements ?...

GUSTAVE

Renonce donc à ta jalousie !... N'ayons plus tous deux qu'une pensée : rendre heureuse notre association...

(*Surpris.*) Un bruit de voiture!... (*Il court à la fenêtre.*) Elle s'arrête devant la porte... Quel bel équipage!... C'est lui; viens le voir descendre.

CLAUDIA, *à la fenêtre.*

Il serait mon aïeul!...

GUSTAVE

C'est avec les vieux que l'on fait sa pelotte.

CLAUDIA

On dirait d'un ramolli... Il a l'air hébété...

GUSTAVE

C'est ce qu'il nous faut... (*Riant.*) Les hommes intelligents sont de mauvais clients pour les femmes.

CLAUDIA, *descendant la scène.*

Je ne pourrai jamais me décider à avoir un pareil amant.

GUSTAVE, *descendant la scène.*

C'est moi qui suis ton véritable amant... (*Riant.*) Lui ne sera que notre bailleur de fonds.

CLAUDIA

Tu me fais horreur!... Tu veux donc...

GUSTAVE

Les circonstances nous y obligent... Il va entrer... Reçois-le gentiment.

CLAUDIA

O Gustave, à quelles épreuves tu mets mon amour pour toi!...

GUSTAVE

Allons, ne fais pas la bégueule!... Je vais dans ce

cabinet (à droite), afin de l'observer ; et fais attention d'être aimable avec lui, sinon...

CLAUDIA, l'accompagnant.

Tu te remettrais avec Nina ?

GUSTAVE, entrant.

Elle ou une autre.

SCÈNE XIII.

CLAUDIA, GUSTAVE, *dans le cabinet s'ouvrant sur la scène;* DE LA VÉNERIE, *s'appuyant sur une canne et marchant à petits pas.*

CLAUDIA, à part, en le voyant entrer.

Quelle différence avec Durosel !... (*Allant vers le cabinet et bas.*) Ce sacrifice est au-dessus de mes forces.

GUSTAVE, bas.

Préfères-tu que je te quitte ?

CLAUDIA, bas.

Non, non... (*Remontant la scène et présentant la main à La Vénerie.*) Monsieur le comte, je suis très flattée de l'honneur que vous me faites.

LA VÉNERIE, s'inclinant.

Madame... (*Il lui baise la main.*)

CLAUDIA, indiquant le canapé.

Venez vous asseoir là, près de moi. (*Elle va vivement vers le cabinet, et bas.*) Es-tu content ?

GUSTAVE, bas.

Oui !... Et maintenant, chauffe la situation.

CLAUDIA, *s'asseyant près de La Vénerie et lui prenan la main.*

Que vous êtes bon d'avoir pensé à moi. Il y a si longtemps que je désirais faire votre connaissance.

LA VÉNERIE, *lui passant son bras autour de la taille.*

Vous êtes adorable!...

GUSTAVE, *bas, en se frottant les mains.*

Tout ira bien!...

RIDEAU

(1885)

ERRATUM. — Page 162, 3me ligne :

« L'inconstance de Claudia est ma faute. (*S'asseyant.*)
« Elle a abusé... »

REFUSÉ AU SALON

COMÉDIE-VAUDEVILLE EN UN ACTE

PERSONNAGES :

JOANY, peintre.
MAURICE, homme de lettres.
ARTHUR, sculpteur.
PLACIDE, huissier.
RÉMOND, propriétaire.
SÉRAPHINE RÉMOND.
MARGOT, modèle.
Deux Recors (personnages muets).

La scène se passe à Paris.

REFUSÉ AU SALON

Un atelier de peintre. — A droite, premier plan, une porte; à gauche, un buffet et une table sur laquelle se trouve ce qu'il faut pour écrire. — Au fond, un canapé. — Deuxième plan, à droite, une toile sur un chevalet; à gauche, un paravent déployé, dont l'intérieur sert de vestiaire. — Accrochés aux murs : des costumes, des armes, un turban, une guitare, un tambour de basque, des tableaux. — Épars : des objets d'art, des plâtres, etc., etc. — Un tabouret, des sièges.

Les meubles ainsi que les sièges de diverses époques.

SCÈNE PREMIÈRE.

JOANY, *seul.*

(Il entre en portant un tableau.)

Les crétins!... ils ont refusé mon tableau sous le prétexte que j'avais des tendances redoutables pour l'art... Un petit vieux, très myope, y a cependant trouvé des qualités. Il m'a dit : « Jeune homme, vous serez un jour
« le chef d'une nouvelle école. Il y a dans votre toile
« des audaces qui peuvent effaroucher mes collègues;
« malgré leur opinion, je vous engage à persister dans
« la voie où votre tempérament vous pousse... » Et moi qui avais rêvé un succès, qui voyais mon tableau couvert de pièces d'or!... Ce qui m'aurait permis de m'acquitter des trois termes que je dois. Mon propriétaire me traque et je suis menacé d'une saisie... Voici Margot!...
(Il pose le tableau sur le canapé.)

SCÈNE II.

JOANY, MARGOT.

MARGOT, *entrant.*

AIR : *Messieurs les étudiants s'en vont à la chaumière.*
Pourquoi se tourmenter
Quand on a la jeunesse;
Aimer, rire et chanter
Valent mieux que richesse!
Aimons,
Chantons
Et soyons folichons!...
(*L'agaçant.*) Et iou, piou, piou, trou-la-la-la, etc.

JOANY

Tu es d'humeur joyeuse, toi!

MARGOT

Par contre, tu as l'air bien triste!

JOANY, *indiquant le tableau.*

Je suis venu trop tard.

MARGOT

On l'a refusé?...

JOANY, *à part.*

Que lui dire?... (*Embarrassé.*) J'ai manqué le train. On en était au sept mille sept cent quatre-vingt-dixième tableau quand je me suis présenté, et il n'y a place que pour trois mille cinq cents.

MARGOT

Et on dit que l'art se meurt.

JOANY

Ce n'est pas de faim; car les croûtes ne manquent pas.

MARGOT

Ce sera alors pour l'Exposition prochaine.

JOANY

Oui, si je n'étais harcelé par mon propriétaire.

MARGOT

Où passe donc ton argent?... Quotidiennement tu fais une aquarelle ou une illustration qui te rapporte une vingtaine de francs... Tu me donnes dix francs par jour, avec lesquels je pourvois à la nourriture, je t'habille, je te sers de modèle, je suis la cuisinière, la lingère, la femme de ménage... Et monsieur, avec ce qui lui reste, ne paie pas son propriétaire!... Où va ce surplus?... Au café, au cercle?

JOANY

Il faut bien faire comme les amis.

MARGOT

Joany, vous devez entretenir quelque première danseuse du Grand-Opéra.

JOANY

Margot, soyons sérieux!... Je me ferais sauter la cervelle, si je me voyais saisir mes bibelots!...

MARGOT, *riant.*

Les hommes parlent de la faiblesse des femmes. Nous sommes cent fois plus fortes qu'eux dans l'adversité. Tu sais ce que j'ai subi.

JOANY

Tu as été bien malheureuse.

MARGOT

Enfant abandonnée, j'étais chez des paysans où j'avais été recueillie par charité... Un soir, ils m'envoient au village, et là, des saltimbanques m'emmènent avec eux... J'avais alors sept à huit ans. Ils font de moi une acrobate... Que de coups j'ai reçus pour me forcer à danser sur la corde et y exécuter des sauts périlleux ! Enfin, je deviens une artiste dans ce genre de spectacle inventé (*riant*) pour amuser les imbéciles.

JOANY

Pauvre Margot ! comme tu as dû souffrir avec ces misérables !... (*)

MARGOT

Un jour d'hiver rigoureux, où je grelottais dans mon mince maillot, oppressée, je toussai et crachai le sang... C'était une fluxion de poitrine. On m'emporta presque mourante à l'hôpital. J'avais pour voisine de lit une femme qui me dit : « Fillette, je me charge de toi, si tu veux « me suivre... L'âge a éteint ma voix... Tu me rempla-« ceras pour le chant et je t'accompagnerai de ma gui-« tare. » Je pouvais ainsi échapper à mes bourreaux. Quand je fus guérie, nous partîmes, nous arrêtant, pour gagner notre vie, dans les villages et les villes que nous traversions. Arrivées à Paris, nous voilà courant les cafés de la banlieue. Dans un de ces établissements, je chantai, vêtue en petite Savoyarde, *la Grâce de Dieu*.

(*) La police devrait s'enquérir de la filiation des enfants que traînent avec eux les saltimbanques. Les dangers auxquels ils les exposent autorisent à croire qu'ils ne sont point les pères de ces pauvres petites créatures, dont la plupart meurent épuisées.

JOANY

L'héroïne de cette romance avait une mère.

MARGOT, *soupirant.*

Moi, je ne connais pas la mienne... J'obtins un tel succès d'attendrissement que tout le monde m'applaudit et s'empressa de mettre quelques sous dans ma sébile. Au fond de la salle se trouvait un vieillard attablé avec des amis... C'était ton professeur.

JOANY

Oui, mon maître.

MARGOT

Qui t'aimait comme son propre fils.

JOANY, *ému.*

Et il t'aima comme sa fille. (*S'essuyant les yeux.*)

MARGOT

Tu pleures... Tu as de la reconnaissance, toi; c'est une qualité bien rare par le temps qui court... Ce vieillard, en tenant ma main dans la sienne, me dit : « Mon « enfant, je suis peintre; veux-tu renoncer à ta vie de « bohème et devenir mon modèle? Tu demeureras chez « moi, je te ferai donner de l'instruction comme à une « demoiselle. » Je l'informai de ma situation auprès de la femme avec laquelle j'étais. « Où loge-t-elle? » reprit-il. Je lui indiquai l'adresse, et il ajouta, en déposant une pièce de vingt francs dans ma sébile : « Demain matin j'irai vous voir. »

JOANY

Bien que cette femme n'eût aucune autorité sur ta personne, ce ne fut qu'à force d'argent que mon maître la décida à se séparer de toi. Tu fus installée chez lui, respectée de ceux qui fréquentaient son atelier... Se sentant mourir, il nous fit approcher de son lit et s'adressant à moi... (*L'émotion l'empêche de continuer.*)

MARGOT, *attendrie.*

Il te dit : « Joany, je te confie Margot ; veille sur elle, « non comme un père, tu es trop jeune et elle a trop de « charmes pour que tu puisses la regarder comme ta « fille. Mais jure-moi que, si la tendresse l'emportait sur « les égards que tu lui dois, si elle cédait à ton affection, « tu en ferais ta femme. »

JOANY

Je veux que Margot soit l'épouse d'un grand peintre, et, jusqu'à présent, je n'ai rien produit pour me faire un nom.

MARGOT

Tu tiendras le serment fait à ce mourant. L'amour donne de la force.... Nous nous aimons, nous vaincrons. J'ai bien souffert... J'ai pensé au suicide ; mais je regardais Là-Haut et il me semblait alors entendre une voix qui me disait : « Espère !... » Cette espérance n'a pas été trompée, puisque j'ai trouvé dans mon Joany (*l'embrassant*) tout ce que mon cœur pouvait désirer... Maintenant au travail... Quel costume dois-je prendre ?

JOANY

J'ai plusieurs commandes. Le père Jonathas voudrait une bayadère.

MARGOT

Va pour une bayadère !... (*Elle passe derrière le pa-*

rarent.) Hier, j'étais Espagnole; avant-hier, Circassienne; aujourd'hui, bayadère.

JOANY, *riant.*

Mon maître n'avait-il pas fait de toi une sainte Véronique devant laquelle les dévotes viennent s'agenouiller dans l'une de nos églises?

MARGOT

Je figure au Luxembourg.

JOANY

Là, tu es la fille d'un roi d'Angleterre.

MARGOT

Et chacun de s'écrier qu'elle est d'un type très exact. On me voit aussi dans une chapelle où je représente une martyre...

JOANY

A qui le bourreau va trancher la tête, pendant (*riant*) que des anges dans le ciel sourient à son supplice. (*On frappe à la porte.*) Entrez!

SCÈNE III.

LES MÊMES, PLACIDE, DEUX RECORS, *tenant chacun une grosse canne.*

PLACIDE, *saluant.*

Est-ce à monsieur Joany Laurent que j'ai l'honneur de parler?

JOANY

Lui-même.

PLACIDE

Je viens, en vertu d'un jugement, pratiquer chez vous une saisie.

JOANY, *ému.*

Parlez plus bas... Quels sont ces messieurs?

PLACIDE, *embarrassé.*

Des camarades.

JOANY

Des recors... Veuillez les éloigner et instrumenter sans crainte. Je suis résigné.

PLACIDE, *aux recors.*

Sortez... Quant à vous (*premier recors*), Gaspard, n'oubliez pas de faire tenir le jugement pris par maître Camison. (*Ils sortent.*) Toutes vos facultés mobilières et industrielles sont-elles ici?

JOANY

Vous voyez tout mon avoir.

PLACIDE, *tirant un carnet et un crayon de sa poche.*

Vous n'auriez pas un Raphaël, un Rembrandt ou quelque autre tableau de pareille valeur?

JOANY

Hélas, non!...

PLACIDE

Tant pis... Cela aurait simplifié ma besogne... Nous l'aurions donné en garantie à votre propriétaire. (*Il va à gauche.*)

JOANY

Parbleu! un tableau de deux cent mille francs serait une garantie suffisante pour les trois cents francs que je lui dois!...

PLACIDE, *écrivant.*

« Une table, un buffet style Louis XIII, un paravent. » (*Il ouvre un châssis.*)

JOANY, *le retenant.*

L'entrée de ce vestiaire est interdite au public.

PLACIDE, *descendant.*

J'ai le droit d'y pénétrer, du moment qu'il contient des objets vous appartenant... Il me semble y avoir vu une femme...

JOANY

C'est mon modèle.

PLACIDE, *écrivant.*

« Un mannequin à articulations. » Quand je suis entré, il a fait ce mouvement : (*Geste de frayeur.*)

JOANY

Il est vivant.

PLACIDE

C'est un être humain (*le rayant*), supprimons-le.

MARGOT, *regardant par dessus le paravent.*

Quel est donc l'impoli qui s'est permis d'entrer dans mon cabinet de toilette?

PLACIDE, *surpris.*

J'ignorais que ce paravent renfermât une personne du sexe.

MARGOT

Je ne connais pas cette tête.

JOANY

C'est l'huissier dont j'étais menacé.

MARGOT

Ça, un huissier?... (*Riant.*) Ah! ah!...

PLACIDE, *s'inclinant.*

Maître Bernardin Placide, huissier assermenté, pour

vous servir... Que voyez-vous donc en moi de si réjouissant ?

MARGOT

Je m'étais figurée qu'un huissier n'était pas fait comme les autres hommes. (*Elle disparait.*)

PLACIDE, *riant.*

Qu'elle est naïve !...

JOANY

C'est une enfant.

PLACIDE

Eh! eh! une enfant! (*Bas, avec intention.*) Avouez que pour vous elle n'est pas toujours... une enfant?... Les peintres ont l'imagination ardente, les passions vives.

JOANY

Comme tous ceux qui cultivent les arts. (*Il se promène agité.*)

PLACIDE

Les poètes surtout... (*Écrivant.*) « Un paravent.. »

JOANY, *se contenant.*

Renfermant une glace psyché, deux chaises et des costumes.

PLACIDE, *écrivant.*

« Deux chaises et des costumes. »

MARGOT, *entrant costumée en bayadère.*

Je vous présente mes civilités.

PLACIDE, *saluant.*

Et moi de même. (*A part, la regardant.*) Cré nom de nom! la belle créature!... Ses regards me troublent.. Les jambes me flageolent... O Thémis! maintiens l'équilibre de ta balance et ne lâche pas ton glaive... (*Remontant la scène.*) Continuons.

MARGOT, *le retenant.*

Comme les airs trompent!... Vous paraissez un brave homme (*minaudant*) et pourtant vous faites du mal à votre prochain.

PLACIDE

Si je n'avais pas succédé à mon père, j'aurais choisi un autre état, celui de confiseur; mais...

MARGOT, *même jeu.*

Allons, monsieur Placide, ne faites pas le méchant!

PLACIDE, *ému.*

Je déplore sincèrement les devoirs que m'impose ma profession. J'en souffre dans ce moment plus que vous, et je voudrais... (*A part.*) Cristi! l'émotion me gagne... Cette jeune fille me fascine. Sachons résister à la séduction. (*Il remonte vivement et écrit.*) « Un canapé, un... » (*Il continue d'inscrire sur son carnet les tableaux et les objets appendus au mur du fond.*)

SCÈNE IV.

LES MÊMES, MAURICE, ARTHUR.

MAURICE, *entrant.*

Salut et joie à notre ami et à sa bien-aimée compagne!

ARTHUR, *à Joany.*

Qu'as-tu donc?... Tu as l'air d'un contribuable qui va payer ses impositions.

JOANY, *désignant Placide.*

Monsieur te renseignera.

MAURICE

Un nouvel élève qui profite mal de tes leçons.

ARTHUR

En effet, je vois qu'il copie des tableaux.

JOANY

Il ne copie pas... (*Embarrassé.*) Il inventorie.

MAURICE, *riant.*

Est-ce que tu fais ton inventaire?

ARTHUR

C'est un teneur de livres... L'homme du *doit* et *avoir* de l'entrée et surtout de la sortie. Ici bas tout se résume dans ces deux mots : *entrée, sortie.* Une addition, une soustraction.

JOANY

C'est un huissier.

MAURICE

Un huissier?...

ARTHUR

Et que vient-il faire chez toi?

MARGOT, *soupirant.*

Saisir notre saint-frusquin.

JOANY

Je suis en retard de trois termes.

MARGOT

Et le propriétaire nous a envoyé ce monsieur.

MAURICE

Montre-moi la signification du jugement qui ordonne la saisie.

JOANY

Je ne l'ai pas reçue.

MAURICE, *allant à Placide.*

Pardon, si je vous dérange dans l'exercice de vos... délicates fonctions; vous devez sans doute agir en vertu d'un jugement?

PLACIDE, *cherchant dans ses poches.*

J'ai oublié de le remettre... Le voici.

MAURICE, *descendant.*

Qu'est-ce que cela?... (*Bas.*) Lisons. (*Ils entourent Maurice.*) « A Séraphine R. » Une poésie!... (*Tous rient.*)

ARTHUR

La méprise est bonne!...

MAURICE, *lisant.*

« Dans mes yeux est placé le miroir de mon âme,
« Où femme tu verras ce que nulle autre femme
   « N'aurait jamais pu m'inspirer!...
« Ange, pour toi, ces yeux arrêteront leurs larmes
« Sans effort; car sitôt qu'ils regardent tes charmes,
   « Ils ne savent plus qu'admirer!... »

MARGOT

Parlez-moi d'être aimée comme ça!

MAURICE, *lisant.*

   « Dès à présent, c'est sur ma lyre
   « Que j'exhalerai mes douleurs,

(*Plus haut*) « Pour que tu viennes d'un sourire
« Et d'un baiser sécher mes pleurs !... »

PLACIDE, *surpris et à part.*

Ce sont mes vers !... (*Il descend à pas de loup et s'approche pour écouter.*)

MAURICE, *lisant.*

« Par bien des maux la main divine
« A parfois torturé mon cœur,
« Et pouvais-je croire au bonheur,
« Avant de te voir, Séraphine ?... »

PLACIDE, *vivement.*

Veuillez m'excuser, je vous ai remis une pièce pour l'autre.

ARTHUR

Permettez-moi de vous féliciter... Vous avez le feu sacré.

PLACIDE, *embarrassé.*

Moi ?... Je n'ai jamais écrit qu'en prose.

MAURICE, *bas à Arthur.*

Je vais le pincer. (*Haut.*) Il y a dans ces vers une grâce, une finesse, un sentiment qui me les feraient attribuer à Musset.

ARTHUR

Et moi à Lamartine... C'est sa pureté de style, sa suave harmonie.

MAURICE, *mettant la poésie dans sa poche.*

Ce serait dommage d'en priver le public... Je les ferai imprimer et tout le monde voudra les savoir par cœur.

PLACIDE

Vous me rendez confus !

MAURICE

Vous êtes poète et vous craignez de l'avouer. Certes, quand on a votre talent, on peut marcher la tête haute. (*Bas à Joany.*) L'huissier est gagné, nous le tenons par l'amour-propre.

PLACIDE, *joyeux.*

Il y a encore deux strophes ; voulez-vous que je vous les dise ?

MAURICE

Nous les écouterons avec plaisir.

ARTHUR

Et même avec admiration. (*Tous s'assoient, sauf Placide.*)

PLACIDE, *emphatiquement.*

« Qui possède ces longs et splendides cheveux,
« Dont ta main, chaque jour, roule les flots soyeux,
   « Et ce front pur que rien n'altère ?...
« Ces lèvres, fraîches fleurs, où naissent les amours,
« Ce bras et cette taille aux gracieux contours ?...
   « Tout cela n'a rien de la terre !...
       (*Amoureusement.*)
   « Ange, à qui j'ai donné ma foi,
   « Et qu'ici-bas chacun envie,
   « Je n'aimerai jamais que toi ;
   « Tu rempliras toute ma vie.
   « Celle qui d'un mot sait charmer,
   « Celle qu'à mon cœur Dieu destine ;
   « Comment puis-je ne pas l'aimer,
   « Quand tout aime ma Séraphine !... »

TOUS, *applaudissant.*

Bravo, bravissimo !...

MAURICE, *se levant.*

Pour l'auteur et pour l'acteur.

MARGOT, *se levant.*

O Placide, que je voudrais être votre Séraphino !

PLACIDE, *tombant assis sur un siège.*

Vos témoignages de sympathie m'ont tellement impressionné que j'en ai... (*Se pressant le ventre.*)

ARTHUR, *se levant.*

Cela prouve que vous avez le tempérament délicat.

MAURICE

Si votre poésie était lue sur la scène, elle ferait un effet *bœuf.* J'en toucherai un mot à un sociétaire de la Comédie Française.

ARTHUR

Comme artistes, nous devons nous entr'aider... Monsieur Placide, oseriez-vous dépouiller votre frère ?

PLACIDE, *se levant.*

Je n'ai pas de frère, je suis fils unique.

MAURICE

N'êtes-vous pas épouvanté à l'idée du remords qui vous poursuivrait toute votre vie et qui vous crierait sans cesse : « Caïn, qu'as-tu fait de ton frère ? »

PLACIDE

Encore un coup, je suis le dernier rejeton de ma race.

MAURICE

Tous les arts sont fils d'Apollon. (*Indiquant Margot.*)

Sous les vêtements d'une bayadère, mademoiselle représente la danse. (*Margot prend une pose.*) Notre ami Joany est peintre. (*Le désignant.*) Arthur est un sculpteur qui fera peut-être un jour votre statue. (*Appuyant.*) Vous êtes poète et moi je suis journaliste et auteur comique...

MARGOT

Et même très comique.

ARTHUR

Nous sommes donc tous frères par notre père Apollon.

PLACIDE

Merci de l'honneur que vous me faites et comptez sur mon dévoûment le plus absolu.

MAURICE

Nous allons le mettre à l'épreuve... Il faut tirer notre ami de la pénible situation où il se trouve.

PLACIDE

C'est un peu tard. Il aurait dû constituer un avoué, afin de surseoir à la saisie. Il pourrait essayer, mais cela coûterait.

JOANY, *se levant.*

Encore des frais!... Non, je préfère que la justice suive son cours... Je comptais sur la vente d'un tableau; je l'ai porté à l'Exposition, et...

ARTHUR

Et...

JOANY, *bas.*

On l'a refusé.

ARTHUR, *surpris.*

Pourquoi?

JOANY, *bas.*

Je t'expliquerai cela quand nous serons seuls.

ARTHUR

Où est ce tableau ?

JOANY, *l'indiquant.*

Là.

ARTHUR, *emmenant Placide et Maurice devant le tableau.*

Hein ! comme c'est touché... Monsieur Placide, qu'en dites-vous ?

PLACIDE

C'est admirable !

MAURICE

Ne serait-il pas désolant que l'auteur d'un pareil chef-d'œuvre vît sa carrière brisée !... (*Allant à Joany.*) Si tu l'offrais à ton propriétaire ?... Tu lui dois ?

JOANY

Trois cents francs.

PLACIDE

Plus environ deux cents francs de frais.

MAURICE, *surpris.*

Deux cents francs de frais !.... Heureusement que la constitution française déclare que « la justice est gratuite. » Que serait-ce donc si elle ne l'était pas !... (*Il va causer avec Margot.*)

MARGOT, *bas à Maurice.*

Joany est arrivé trop tard ; c'est pour cela que sa toile n'a pas été reçue.

ARTHUR

Total cinq cents francs !.... Il faut que monsieur Placide voie ton propriétaire et lui fasse accepter le tableau en paiement.

PLACIDE

Je vais tenter la chose; mais je vous préviens que c'est un cancre, il tondrait sur un œuf... Il habite la maison... Je ne fais que descendre et remonter.

MARGOT

Tâchez de réussir, je vous aimerai bien.

JOANY

Je ferai votre portrait avec une couronne de lauriers et une lyre à la main.

MAURICE

Moi, votre biographie, imprimée sur papier de Hollande.

ARTHUR

Et moi je vous coulerai en bronze.

PLACIDE, *sortant.*

C'est trop... Vous me comblez d'affection et de gloire.

MAURICE, *le retenant.*

Vous nous amènerez dans une heure le propriétaire.. Secondez-nous... (*Chantant l'air du* Barbier.)

> Et je vous promets d'avance
> Le succès le plus heureux!

PLACIDE, *tragiquement à Joany, en lui prenant la main.*

« Aux rigueurs de nos lois puisqu'il faut vous soustraire,
« Digne fils d'Apollon, comptez sur votre frère! »

(*Il sort.*)

SCÈNE V.

MARGOT, JOANY, ARTHUR, MAURICE.

MAURICE; *il va vivement à la table et écrit.*

Vite, quelques lignes pour mon journal.

ARTHUR

Le Réveil-Matin, journal du soir.

MAURICE, *écrivant*.

Joany, tu dois avoir des favoris comme en portent les Anglais... Donne-les moi.

JOANY; *il va dans le vestiaire et rentre en les apportant.*

Que vas-tu faire de ces favoris?

MAURICE

Tu le sauras plus tard... (*Il sort précipitamment en emportant la copie et les favoris.*)

SCÈNE VI.

ARTHUR, MARGOT, JOANY.

MARGOT

Nous prenons campos aujourd'hui?

JOANY

Dépouillé de ce qui fait la joie, le bonheur, on est découragé.

MARGOT, *amoureusement*.

Ta joie, ton bonheur?... Est-ce que ta petite Margot ne restera pas avec toi, quels que soient les événements?

JOANY, *l'embrassant*.

Oui, tu demeureras près de moi, tu me consoleras; et si tu me vois tomber dans le marasme, un baiser de toi me rendra la force et l'énergie pour lutter contre la misère. (*Résolument.*) Travaillons!... (*Il va au chevalet et se dispose à peindre.*)

MARGOT, *montant sur le tabouret et prenant une pose.*
M'y voilà.

ARTHUR, *les regardant.*
Quel joli sujet pour un peintre !... Dis-moi donc pourquoi ta toile n'a pas été admise au salon ?...

JOANY, *peignant.*
On l'a trouvée excentrique, pleine de hardiesses. On l'a refusée parce que je n'ai point suivi les sentiers battus, les traditions.

ARTHUR
C'est ce que l'on a reproché à tant d'autres, qui ont fini par créer des traditions.

JOANY
D'après le jury, nous devons imiter, non créer. Enfin, un membre influent de cet aréopage a déclaré que j'étais un révolutionnaire du pinceau.

ARTHUR
Ce juge, sans le vouloir, a fait ton éloge. D'après les routiniers, toute innovation est une révolution, tout créateur un destructeur. Avec ce système, l'originalité disparaît et nous finirons par être tous taillés sur le même patron.

JOANY
J'allais sortir quand un vieux monsieur me tira à l'écart et me dit, en appliquant son nez sur ma toile : « Jeune homme, votre œuvre a soulevé la colère de mes « collègues du jury ; malgré leur décision, je vous en- « gage à persévérer dans la voie où vous êtes entré !... « Vous acquerrez la célébrité. » Margot, tu es croquée !

MARGOT, *descendant du tabouret.*

Voilà vingt francs de gagnés.

ARTHUR, *réfléchissant.*

Ce vieillard est myope, un peu voûté, d'une physionomie distinguée... N'est-il pas décoré?

JOANY, *continuant à peindre.*

Oui.

ARTHUR

Eh bien! cet homme-là est le plus grand peintre de notre époque... Son opinion sera confirmée par la postérité.

JOANY

Malgré ses bonnes paroles, je sortis désespéré de l'Exposition... Mes rêves de gloire étaient évanouis. Je voulus en finir avec l'existence. La pensée de Margot m'a retenu. J'arrive chez moi et, un instant après, un huissier se présente pour saisir ce que j'ai eu tant de peine à rassembler.

ARTHUR

Quelle que soit l'issue des poursuites, il te sera facile avec peu d'argent d'exercer ta profession; il en faut beaucoup au sculpteur pour la sienne. Le marbre, pour un buste grandeur nature, me coûte près de trois cents francs; celui d'une statue, quinze à dix-huit cents francs... Tu peux travailler dans une mansarde... Va donc faire monter à un sixième étage un bloc dont le poids, pour une statue, est d'environ trois mille kilos... Moi, je suis forcé d'occuper un rez-de-chaussée... Puis, après deux années consacrées à l'exécution de mon œuvre, on m'en offrira, étant débutant, huit à dix mille francs. Les peintres, les poètes, les littérateurs sont favorisés… Avec quinze francs de capital, un peintre fait un tableau ; sur quelques sous de papier, le poète écrit ses vers, le littérateur ses romans et ses articles de journaux, tandis qu'il faut au statuaire de fortes avances.

MARGOT, à *Joany.*

Notre ami Arthur est plus à plaindre que toi.

SCÈNE VII.

LES MÊMES, PLACIDE, RÉMOND, *en robe de chambre et tenant un journal.*

PLACIDE, *entrant et présentant Rémond à Joany qui cesse de peindre.*

Monsieur Rémond, votre propriétaire, qui est tout disposé à accepter les arrangements que vous voudrez lui proposer.

RÉMOND

Doucement, monsieur Placide, doucement. Vous allez trop vite ! *(Regardant Margot.)* La ravissante personne !

PLACIDE, *bas.*

Elle sert de modèle à votre locataire ; un vrai modèle de grâce, de beauté, de pureté…

RÉMOND, *bas, en riant.*

Oh ! oh ! la pureté d'un modèle !…

PLACIDE, *bas.*

Je veux dire la pureté de ses lignes. *(Avec intention.)* Si vous la fréquentiez, vous lui trouveriez bien d'autres qualités.

MARGOT, *à Rémond, en lui apportant un siége.*

Veuillez vous remettre... (*Minaudant.*) Vous êtes ici chez vous.

RÉMOND, *s'asseyant.*

Vous êtes aussi belle que spirituelle, mon enfant.

ARTHUR, *bas à Joany.*

O puissance de la femme!... Vois donc comme le caïman se radoucit!...

MARGOT

Pourquoi inquiétez-vous ce pauvre garçon, qui dit beaucoup de bien de vous?... Si j'eusse osé, je me serais adressée à vous directement, et je suis sûre que vous vous seriez montré moins sévère.

RÉMOND, *amoureusement.*

Il fallait oser, mon enfant... Je viens de recevoir un journal où l'on parle de votre protégé dans des termes fort élogieux... Je ne suis pas un Mécène, mais quand je puis être utile aux artistes...

PLACIDE

Et faire avec eux une bonne affaire...

RÉMOND

Monsieur Placide, vos observations sont superflues... (*Ouvrant le journal.*) *Le Réveil-Matin.*

ARTHUR, *appuyant.*

Feuille tirée à dix-huit cent mille exemplaires... (*Bas à Joany et à Margot.*) C'est une ruse de Maurice.

RÉMOND, *lisant.*

« Monsieur Joany, avantageusement connu dans le
« monde artistique, ayant envoyé trop tard son superbe

« tableau au jury, celui-ci n'a pu le recevoir parce qu'il
« n'y avait plus de place au salon. C'est là une perte
« irréparable pour l'Exposition... Cette toile représente
« une ménagère appropriant sa cuisine... »

MARGOT, *bas à Placide.*

La ménagère, c'est moi.

RÉMOND, *lisant.*

« Cette jeune et jolie femme, aux formes gracieuses et
« ondoyantes, est rendue avec un rare talent. Le chau-
« dron qu'elle écure est d'une saisissante vérité; on
« pourrait dire qu'il est parlant... »

ARTHUR, *à part.*

Un chaudron qui parle,... c'est fort !

RÉMOND, *lisant.*

« Nous engageons les connaisseurs à aller voir ce
« tableau que ne tarderont pas à se disputer tous ceux
« qui tiennent à posséder dans leur galerie une œuvre
« d'une incontestable valeur... Il est visible chez son
« auteur, rue Dauphine, n° 67. » Voulez-vous me le
montrer ?

PLACIDE, *l'apportant.*

Il est magnifique.

RÉMOND, *le regardant.*

Monsieur Placide, gardez pour vous vos appréciations.
Peuh ! il n'a rien de merveilleux !...

MARGOT

Que dites-vous là ? Mais regardez donc la ménagère ?

RÉMOND, *se levant.*

Elle vous ressemble comme deux gouttes d'eau.

MARGOT, *avec intention.*

En l'achetant, vous auriez mon portrait.

PLACIDE, *regardant le tableau.*

Ce qui m'épate, c'est le chaudron. Comme c'est ça !... Le journal le trouve parlant ; moi je dis qu'il est frappant !...

RÉMOND

Monsieur Placide, je vous prie de ne pas chercher à m'influencer... Si je vous écoutais, vous me feriez faire des bêtises.

PLACIDE

Des bêtises, en acquérant ce tableau ?... Oh ! si j'avais vos piastres, personne autre que moi ne l'aurait !...

RÉMOND, *regardant le tableau.*

Cette femme est mal chaussée... Ses souliers sont lourds, grossiers, trop grands pour elle.

JOANY

Veuillez remarquer que c'est une paysanne.

RÉMOND

Toutes les femmes, qu'elles soient de la ville ou de la campagne, tiennent à avoir un petit pied... Là-dessus, je suis ferré... Je n'ai pas été cordonnier pour dames durant trente années, sans connaître leur coquetterie à cet égard... Enfin, malgré cette invraisemblance, je prends votre tableau pour ce que vous me devez.

PLACIDE

Oh !...

RÉMOND

Que signifie cette exclamation?

PLACIDE, *embarrassé.*

Votre offre me paraît insuffisante.

RÉMOND

De quoi vous mêlez-vous?... Vous n'êtes pas le vendeur ; c'est à monsieur Joany de répondre.

SCÈNE VIII.

LES MÊMES, MAURICE, *portant des favoris, redingote boutonnée, accent anglais très prononcé, et tenant un journal.*

MAURICE, *entrant.*

Môssieu Jo-a-ny?...

(*Tous, sans être vus de Rémond, rient en reconnaissant Maurice.*)

JOANY

C'est moi.

MAURICE

J'ai lu dans ce feuille que vous avez un tableau, où il y a un cuisinière.

JOANY

Une ménagère.

MAURICE

Aou, yès!... Un ménagère qui.. (*Faisant le geste d'écurer un chaudron.*) Comment dites-vous ça?

JOANY

Qui écure un chaudron.

MAURICE

Yès... Je voudrais voir ce tableau.

PLACIDE, *le lui donnant.*

J'étais en extase devant lui...

MAURICE, *le regardant.*

Goddam! ce était bien joli! La petite et le chaudron plaisent beaucoup à moa... Combien vendez-vous eux?... Deux cents, trois cents livres sterling?... N'importe, j'accepterai le prix de vous?...

PLACIDE, *à Rémond.*

Trois cents livres, ce qui fait plus de sept mille francs.

ARTHUR

Milord, je ne puis vous cacher que mon ami verrait avec douleur que la France fût privée de son œuvre.

PLACIDE, *à Rémond.*

Voilà un homme qui aime sa patrie!

RÉMOND, *bas.*

C'est un idiot.

MAURICE

Dans le pays de moa, nous sommes fortement patriotes... Cependant, si un étranger offre un bon prix de nos marchandises, nous préférons les vendre à lui qu'à l'Anglais qui nous en donne moins.

RÉMOND, *à Maurice.*

Vous entendez les affaires, vous autres.

ARTHUR

Un objet d'art ne peut être assimilé à une balle de coton ou à une caisse de thé... Il doit rester dans la nation où il a été créé.

PLACIDE

Du reste (*désignant Rémond*), monsieur est en pourparlers avec l'auteur... Il s'est présenté avant vous.

RÉMOND, *impatienté.*

Monsieur Placide, vous me rendriez un immense service, si vous mettiez votre langue dans votre poche.

ARTHUR, *désignant Rémond.*

A moins que monsieur ne se rétracte, notre parole est engagée.

MAURICE, *haussant les épaules.*

La parole,... ça fait rien à moa !...

ARTHUR, *riant.*

Songez, milord, qu'ici il ne s'agit pas de politique.

MAURICE

Dans le politique, le Anglais est fidèle à son parole, tant que l'intérêt de lui le commande... (*Impatienté.*) Goddam ! terminons !... Le Français est beaucoup bavard... J'offre quatre cents livres... Je veux donner le ableau au musée de mon ville.

JOANY, *à Rémond.*

Le laisserez-vous ravir à notre patrie par la perfide Albion ?...

PLACIDE

Jamais votre propriétaire ne le prendra à un pareil prix.

RÉMOND

Il faudrait pour cela être millionnaire.

MAURICE, *surpris.*

Pas un de vous n'a un million !... Dans le pays de

moa, tout le monde est riche. Mossieu Jo-a-ny, venez en Angleterre, et dans un an, vous aurez un grande fortune. J'ai un fille qui est belle, elle ressemble à son papa... Elle serait glorieuse de porter votre nom... Finissons-nous à quatre cents livres?..

ARTHUR, *bas à Rémond.*

Vous pourriez l'acheter et le revendre.

PLACIDE, *bas à Rémond.*

Ne laissez pas échapper cette occasion.

ARTHUR, *bas.*

Vous triplerez, quadruplerez votre argent.

RÉMOND

Quel serait pour moi le dernier mot?

ARTHUR, *bas.*

Je pense qu'à trois mille francs...

RÉMOND, *à Joany.*

J'irai jusqu'à deux mille...

ARTHUR

C'est bien peu.

JOANY, *résolument.*

J'accepte parce que vous êtes mon propriétaire. (A *Maurice.*) Je cède mon tableau pour le quart de la somme que vous m'avez offerte; mais il ne quittera pas la France... On pourra le voir chez monsieur Rémond.

ARTHUR

D'où il ne sortira que pour aller au Louvre.

MAURICE

Vous êtes un... Comment appelez-vous ce gros oiseau

qui fait *coua, coua?* Un canard?... No... Ah! un oie, yès, un oie.

ARTHUR

Ne l'humiliez pas... Il aime mieux perdre sur son œuvre que de priver son pays d'un tableau qui doit y rester.

MARGOT, *à Joany.*

C'est bien ce que tu fais là... Ton dédain pour la fortune démontre que tu es un grand artiste.

PLACIDE

Et un grand citoyen.

MAURICE

Vous ferez le portrait de moa, avec mon costume de membre de la Chambre haute.

JOANY, *s'inclinant.*

Votre confiance m'honore.

PLACIDE, *bas à Rémond.*

C'est un pair d'Angleterre.

RÉMOND, *riant.*

Et moi je le suis de ma fille... Monsieur Placide, prenez le tableau et suivez-moi... Vous ne direz pas à Séraphine combien il m'a coûté.

TOUS, *surpris.*

Séraphine!...

RÉMOND

C'est ma femme... Monsieur Placide est l'ami de la maison.

(*Tous rient sans être vus de Rémond.*)

PLACIDE

Une charmante femme, je vous l'assure.

MAURICE

Yès, elles sont toutes charmantes quand elles ne sont pas vos épouses.

PLACIDE

Je lui dirai que c'est moi qui lui en fais présent.

RÉMOND

Parfait ! Cette idée est la meilleure que vous ayez eue aujourd'hui... (*A Joany.*) Je vous dois deux mille francs, sur lesquels je retiendrai mes trois termes et les frais de poursuites.

PLACIDE

A votre place, je lui en ferais l'abandon.

RÉMOND, *sévèrement*.

Monsieur Placide, êtes-vous chargé de mes intérêts ou de ceux de mon débiteur ?

JOANY, *riant*.

D'après la logique, il devrait prendre les miens, puisque c'est moi qui paie les frais.

ARTHUR, *à Rémond*.

Seriez-vous mécontent de votre acquisition ?

RÉMOND

C'est mon huissier qui voudrait que je logeasse gratuitement monsieur Joany.

MAURICE

Vous faites payer à lui cet affreux appartement ? Si j'avais un pareille célébrité dans mon maison, il serait logé pour rien et je donnerais encore à lui cinquante livres sterling par mois.

RÉMOND

Douze cents francs par mois !... Comme vous y allez, milord !... Venez-vous, monsieur Placide ?

PLACIDE, à *Joany*.

Je reviens dans un instant avec les espèces sonnantes et trébuchantes. *(Il sort en emportant le tableau.)*

JOANY, *l'accompagnant*.

Ce serait en billets de banque que cela n'annulerait pas le marché.

RÉMOND, *bas et amoureusement à Margot*.

C'est pour avoir votre portrait que j'ai acheté le tableau.

MARGOT

Dites plutôt que c'est pour le revendre avec un gros bénéfice.

RÉMOND, *lui tapant sur la joue*.

Je ne le vendrai que lorsque je possèderai l'original. *(Riant.)* Eh ! eh !...

MARGOT, *minaudant*.

Soyez sage,... autrement je le dirai à votre femme.

RÉMOND, *se retournant et appelant*.

Monsieur Placide ?...

ARTHUR

Il est chez vous.

RÉMOND, *sortant*.

Pour offrir son cadeau à ma femme. C'est moi qui le

paie et c'est lui qui... (*Riant.*) Ah! ah! il a eu une idée ingénieuse!

SCÈNE IX.

MARGOT, ARTHUR, MAURICE, JOANY.

MARGOT

Est-il bête, notre propriétaire!... Enfin, nous en voilà délivrés!

MAURICE, *ôtant ses favoris et se déboutonnant.*

Sacrebleu! que j'ai chaud! (*A Joany.*) Eh bien! monsieur le désespéré, êtes-vous satisfait?

JOANY

Tu m'as sorti d'un grand embarras.

ARTHUR

Aujourd'hui pour toi, demain pour moi.

MAURICE

La débine est la mère du génie. Elle est, pour nous autres, artistes consciencieux, ce qu'est l'aiguillon pour le bœuf : elle nous pique, nous pousse, nous excite jusqu'à ce que nous ayons atteint le but.

ARTHUR

Le *Réveil-Matin* était sous presse quand tu as écrit ton article. Je ne m'explique pas comment il a pu paraître dans ce même numéro.

MAURICE

C'est simple comme bonjour. Dès que ma copie a été composée et l'impression du journal terminée, elle a remplacé une nouvelle locale. J'ai fait tirer deux numéros, dont l'un a été adressé au propriétaire de Joany, et l'autre est resté dans mes mains, afin d'avoir un prétexte pour me présenter ici.

ARTHUR

Tu as été adroit et expéditif.

MAURICE

Dix minutes plus tard, le coup aurait été manqué. On allait distribuer les caractères du journal.

JOANY, *lui serrant la main.*

Tu es un excellent camarade.

ARTHUR

Ta ruse nous a sauvés. Je dis nous... Qui fait du mal à l'un de nous, le fait à nous trois.

MARGOT

Et vous ne comptez pas Margot?

MAURICE, *lui baisant la main.*

A nous quatre.

SCÈNE X.

LES MÊMES, PLACIDE.

PLACIDE, *entrant vivement.*

L'affaire est dans le sac (*montrant un petit sac*), et le voilà.

MARGOT, *joyeuse.*

Il a casqué!... (*Dansant et chantant sur l'air du refrain de la deuxième scène.*) Et iou, piou, piou, trou-la-la-la, etc.

PLACIDE

Vérifions la caisse. (*Tous le suivent. Il tire du sac des*

papiers et de l'argent qu'il dépose sur la table.) Voilà quinze cents francs, plus les quittances.

MARGOT
Vive monsieur Placide !

PLACIDE
Mes chers collègues, afin de cimenter notre union, je propose un repas. Je fournirai le champagne ; il arrosera mon admission dans votre cénacle.

JOANY
Je consacre cent francs pour le menu.

MARGOT
Cent francs !... Voilà bien les artistes !... Dès qu'ils ont de l'argent, en avant la bombance !... (*Les donnant à Joany.*) Cinquante francs suffiront... (*Allant au buffet.*) Je vais enfermer le reste.

ARTHUR
Il faut bien un peu se distraire... Les gens qui vivent de l'art...

MAURICE
Oh !... (*Riant.*) Ton calembour est rance !...

ARTHUR
Je veux dire les artistes ont besoin de faire de temps à autre quelque extra... Cela réchauffe, réveille leur imagination.

MARGOT
Au dépens de leur bourse.

JOANY
Margot, ne te fâche pas... Nous serons sages.

ARTHUR
Je me charge des huîtres.

MAURICE
Et moi du sauterne et des cigares.

JOANY, *à Margot.*
Mets le couvert, et nous, messieurs, aux provisions!

MARGOT
Je n'ai que six assiettes et trois serviettes.

MAURICE
Cela suffit. Le menu se composera de pièces froides.

JOANY
Un ambigu qui sera chic. (*Ils sortent.*)

SCÈNE XI.

MARGOT, *seule, poussant la table devant le canapé.*

Est-il content, Joany!... Notre loyer est payé et il nous reste de l'argent. Je lui prêche l'économie, j'ai tort. Travaillant toute la journée d'arrache-pied, il est bien juste qu'il prenne, le soir, un peu de distractions avec ses amis. Le dimanche, bras dessus, bras dessous, nous courons les champs et puis nous allons au spectacle. Il me procure tous les agréments en son pouvoir. (*Ouvrant le buffet et prenant du linge.*) Mettons la nappe. (*Surprise.*) Tiens! je suis plus riche que je ne le croyais. J'ai quatre serviettes au lieu de trois (*mettant sur la table les objets dont elle parle*) et sept assiettes au lieu de six... Elles sont comme nos gobelets, de diverses formes et de différentes époques. Joany recherche les antiquités pour les reproduire, et tout cela a aussi son emploi dans notre ménage. J'ai trois verres et il m'en faudrait cinq... Ah ! j'ai deux coupes dont l'une m'a servi à empoisonner (*riant*), en peinture, mon époux, vieux prince italien,... dont j'ai oublié le nom. (*Elle apporte des couteaux, des fourchettes, un tire-bouchon, etc., etc.*)

SCÈNE XII.

MARGOT, PLACIDE, *portant des bouteilles de champagne,* puis JOANY, ARTHUR, MAURICE.

PLACIDE, *entrant.*

Nous vous causons de l'embarras ?

MARGOT

Je voudrais qu'il se renouvelât souvent.

PLACIDE

Vous êtes trop bonne !... (*Posant les bouteilles sur la table.*) C'est du champagne de la meilleure fabrique... (*riant*), pardon, du meilleur crû. (*Lisant.*) « Champagne « extra. Mixtion, fournisseur des Cours royales et impé- « riales. » L'étiquette est superbe.

JOANY

Voici du pain, un chapon truffé, du jambon d'York, des pâtés froids et des friandises, du nanan pour Margot.

MARGOT, *prenant les victuailles et les plaçant sur la table.*

Tu es toujours plein d'attentions pour moi !

ARTHUR, *portant un plat contenant des huîtres.*

Je vous apporte les huîtres.

MAURICE, *montrant deux bouteilles.*

Flanquées de deux bouteilles de sauterne.

JOANY

A table! *(Désignant le canapé.)* Margot se placera entre la poésie et la littérature. *(Placide, Margot et Maurice s'assoient sur le canapé.)* La sculpture et la peinture leur feront face. *(Arthur et Joany prennent un siège et s'assoient l'un à droite, l'autre à gauche* (*)*. Ils mangent.)*

PLACIDE

Ces huîtres sont délicieuses.

ARTHUR, *versant le sauterne.*

Avec ce compagnon-là, elles le seront bien davantage. *(Ils boivent.)*

PLACIDE

Passons au chapon.

MAURICE

Monsieur Placide, ménagez les truffes, ce n'est pas parce qu'elles sont indigestes *(riant)*, mais elles pourraient être dangereuses pour un mari.

JOANY, *riant.*

C'est une allusion à l'égard de mon propriétaire.

PLACIDE, *embarrassé.*

Elle n'est pas juste. Madame Rémond est incapable...

MARGOT, *avec intention.*

« Et pouvais-je croire au bonheur,
« Avant de te voir, Séraphine!...

(*) Arthur, Placide, Margot, Maurice, Joany.

ARTHUR

« Comment puis-je ne pas l'aimer,
« Quand tout aime ma Séraphine!... »

PLACIDE

Les poètes emploient souvent des noms imaginaires.

ARTHUR

Je pardonne à une femme qui cède à l'incandescente passion d'un poète comme monsieur Placide. Chantée par son génie, quelle est celle qui pourrait lui résister?

MAURICE

Il immortalisera le nom de Séraphine, comme les vers du Dante, de Pétrarque, du Tasse ont immortalisé les noms de Béatrice, de Laure et d'Éléonore.

JOANY

Pourvu que le mari ne s'en aperçoive pas.

PLACIDE, *riant.*

C'est un homme intelligent, au-dessus des préjugés.

ARTHUR, *riant.*

S'il est intelligent, il prendra la chose philosophiquement.

PLACIDE

Maintenant, au champagne!... (*Il débouche une bouteille et verse à la ronde.*) Je porte une santé à la reine de notre réunion et à mes frères du Parnasse! (*Ils boivent.*)

MARGOT

Et moi à monsieur Placide et à sa belle Séraphine!...

PLACIDE

O adorable Margot! en vous regardant, mon cerveau devient un cratère... Il va s'en échapper des laves poétiques.

MARGOT, *riant.*

C'est le champagne qui agit.

MAURICE, *bas, en riant.*

Ainsi que les truffes.

PLACIDE

Permettez-moi, chers confrères, d'adresser en votre nom cet impromptu à mademoiselle Margot. (*Se levant.*)

« Croyez-vous que le champagne,
« Vin qu'on chérira toujours,
« Précède, excite, accompagne
« Nos transports dans les amours?
« S'il fait battre la campagne
« A nos sens par ses glouglous,
« Chacun dira comme nous :
« A-t-on besoin de champagne...
(*La regardant amoureusement.*)
« Lorsqu'on est auprès de vous?... »

(*Il s'assied.*)

TOUS, *applaudissant.*

Très bien!...

MARGOT

Il faut que je vous embrasse pour votre joli compliment.

JOANY, *débouchant une bouteille et remplissant les verres.*

Buvons à nos succès futurs et à la postérité qui acclamera notre nom. (*Tous boivent.*)

PLACIDE, *se levant.*

Je sens des fourmillements dans mes jambes. J'ai besoin de me secouer. Voulez-vous, séduisante bayadère, que nous pincions une contredanse ?

MARGOT, *se levant.*

Si cela peut vous être agréable.

PLACIDE

Il me faudrait un costume en harmonie avec le vôtre. (*Regardant le mur du fond.*) J'ai mon affaire... (*Il va décrocher un turban et un caftan dont il s'affuble.*) Je dois être imposant en Turc !

MAURICE, *riant.*

Vous en avez la gravité, la majesté. (*Il tire de sa poche des cigares qu'il met sur la table et se dispose à fumer ainsi que Joany et Arthur.*

PLACIDE

Et l'orchestre ?...

(*Arthur va prendre une guitare et Maurice un tambour de basque.*)

ARTHUR, *s'asseyant.*

Voici l'orchestre.

MAURICE, *s'asseyant en riant.*

Composé de deux virtuoses, ex-lauréats du Conservatoire.

JOANY

Je battrai la mesure.

MARGOT

Nous danserons sur l'air que je chanterai et que Maurice et Arthur accompagneront.

PLACIDE

En place et en avant deux!... (*Ils dansent.*)

MARGOT

AIR *du couplet de la deuxième scène.*

Sur un joyeux refrain
Livrons-nous à la danse;
Quand le cœur est en train,
Qu'importe la cadence!
　　Dansons
　　　Aux sons
De nos folles chansons!

(*Maurice, Arthur, Joany se lèvent vivement et dansent en chantant avec Placide et Margot.*)

Et iou, piou, piou, trou-la-la-la, etc.

JOANY, *prenant Margot par la taille.*

La gloire et ses appas,
La table et ses ivresses,
Pour moi ne valent pas
De Margot les tendresses.

(*Tous dansent en chantant.*)

　　Dansons
　　　Aux sons
De nos folles chansons!
Et iou, piou, piou, trou-la-la-la, etc.

SCÈNE XIII.

LES MÊMES, RÉMOND, *rapportant le tableau.*

MAURICE et ARTHUR, *surpris.*

Le propriétaire! (*Ils vont vivement déposer les instruments sur le canapé, sans que Rémond s'en aperçoive.*)

RÉMOND, *scandalisé.*

Que vois-je?... Un officier ministériel en goguettes... et habillé en Turc?... Vous avez eu l'impudence, vous, un huissier, de prendre le costume d'un peuple qui ne paie pas ses créanciers?... (*Avec dignité.*) Monsieur Placide, vous déshonorez la justice dans la haute mission dont elle vous a investi!...

PLACIDE, *contrarié.*

Ces messieurs vous diront...

JOANY

C'est milord qui a voulu nous régaler.

RÉMOND, *surpris en regardant Maurice.*

N'est-ce pas vous qui tantôt?... (*A part.*) Ce n'est plus la même physionomie... Comme il a maigri dans l'espace de quelques heures!...

MAURICE

Vous regardez beaucoup moa.

RÉMOND

Auriez-vous été malade?... Ah! j'y suis... Vous aviez des favoris?

MAURICE

Yès; mais ils gênaient moa, et j'ai fait couper eux... Voulez-vous trinquer avec nous?

RÉMOND

Mais certainement!... (*Ils vont tous vers la table.*)

MARGOT, *à part.*

Viendrait-il nous rendre le tableau?

MAURICE, *après avoir rempli les verres.*

Mossieu, à votre santé ! (*Ils choquent leurs verres.*)

RÉMOND

A la vôtre !

JOANY

Quel est le motif qui vous amène ?

RÉMOND

Ma femme est d'une pudeur qu'un rien effarouche. (*Tous rient sans être vus de Rémond.*) Demandez à monsieur Placide, comme elle le relève, quand il se permet des plaisanteries un peu lestes ?

PLACIDE

Il faut s'observer avec madame Rémond.

RÉMOND

Elle voudrait que le jupon de la ménagère fût allongé, afin de couvrir ses jambes.

JOANY

Demain ce sera fait.

RÉMOND, *montrant le tableau.*

Avouez avec moi qu'elles donnent des idées...

MAURICE

Yès, son jambo est un peu... décolletée... (*Riant.*) Mais ça réjouit beaucoup les yeux et le cœur de moa... (*Joany va poser le tableau sur le chevalet.*)

RÉMOND

Rien ne monte à la tête comme une jambe bien tournée !... Moi-même je m'y suis laissé prendre.

ARTHUR, *surpris.*

Bah !...

RÉMOND

Avant d'être rentier, j'étais cordonnier pour femmes. Ma maison avait pour enseigne : *A la Pantoufle de Cendrillon.* Une dame vint un jour choisir une paire de bottines. En la lui essayant, ma main un peu indiscrète monta trop haut et je palpai une jambe... oh! messieurs, quelle jambe!...

PLACIDE

Je la connais.

RÉMOND, *surpris.*

Vous la connaissez?

PLACIDE, *se reprenant.*

Oui, oui, votre ancienne boutique : *A la Pantoufle de Cendrillon.*

RÉMOND

Monsieur Placide, pesez donc vos paroles avant de parler.

JOANY

C'est un quiproquo sans importance... Et qu'advint-il de cette jambe?

RÉMOND, *riant.*

Un mariage entre sa propriétaire et moi.

ARTHUR

Comme sculpteur, je partage votre enthousiasme pour les belles formes. Une jambe bien faite a eu souvent une grande influence sur les destinées de l'humanité.

RÉMOND, *à Margot qui causait avec Placide.*

Mon huissier vous conte fleurette.

MARGOT

Lui?... (*Bas.*) Il est bien trop innocent pour ça.

RÉMOND, *bas.*

Je le crois un peu timide, simple avec les femmes... (*Lui prenant la main.*) Il n'est pas inflammable comme moi!

MARGOT

Aussi, je me méfie de vous.

RÉMOND

Je mérite toute votre confiance... (*Avec passion.*) Margot, si tu m'écoutes, je te meublerai une jolie chambre en acajou et je te donnerai...

SCÈNE XIV.

LES MÊMES, SÉRAPHINE.

SÉRAPHINE, *entrant vivement.*

Pardon, messieurs! L'absence de mon mari se prolongeant, je suis venue le chercher. (*Allant à Rémond.*) Que disiez-vous à cette sauteuse?

RÉMOND, *contrarié.*

Rien que tes oreilles ne puissent entendre.

SÉRAPHINE, *s'animant.*

Vous mentez.

RÉMOND, *avec douceur.*

Séraphine, nous ne sommes pas ici chez nous.

SÉRAPHINE

Je m'en doutais. Il est chez un artiste et je suis sûre qu'il fera avec lui des fredaines... (*Regardant la table.*) Vous avez mangé, godaillé (*appuyant*) avec des femmes?...

RÉMOND, *à Joany.*

Excusez-la... (*Bas.*) Elle est d'une jalousie...

JOANY

Parce qu'elle vous aime.

RÉMOND

Je le sais... Aussi, je ne lui en veux pas, quoique ce soit bien embêtant.

MARGOT, *bas à Placide.*

C'est là cette Séraphine que vous avez comparée à un ange?

PLACIDE, *bas.*

Les comparaisons des poètes ne sont pas toujours d'une parfaite exactitude.

MARGOT, *entrant dans le vestiaire.*

Je m'en aperçois.

SÉRAPHINE, *surprise en voyant Placide.*

Et vous, que faites-vous ici, habillé en sultan? (*Bas.*) Est-ce que cette drôlesse serait votre favorite?... Ce n'est pas ce costume qu'il te faudrait, c'est celui de gardien de sérail... (*Le pinçant.*) Tu m'entends!... (*Haut.*) On voit de belles choses dans les ateliers de peintres!...

PLACIDE, *bas, se frottant le bras.*

Fille du ciel, âme de ma vie, modère-toi! (*Haut, désignant Maurice.*) Monsieur a donné un repas...

MAURICE

Yès, et j'ai invité lui.

SÉRAPHINE, *avec intention.*

Vous n'avez qu'une femme pour vous tous?

PLACIDE, *appuyant.*

Une seule... (*Bas et amoureusement.*) Tu vois, rêve de mes nuits, pensée de mes jours, qu'elle n'est pas à redouter pour les feux que tes charmes ont allumés en moi !...

SÉRAPHINE, *bas, le pinçant.*

Ce soir, nous en causerons dans ton cabinet.

PLACIDE, *bas.*

D'autant plus que j'ai mangé des truffes.

SÉRAPHINE, *à Rémond.*

Dépêchons-nous et rentrons.

JOANY

Pourquoi nous priver de votre présence ?...

SÉRAPHINE, *bas, avec dédain.*

Quelle est cette fille que j'ai vue chez vous ?

JOANY, *appuyant.*

Cette fille est mon modèle.

SÉRAPHINE, *avec hauteur.*

Une femme qui se respecte doit éviter de se trouver avec de pareilles créatures. (*A Rémond.*) Allons-nous-en.

JOANY, *la retenant.*

Cette jeune personne a plus de droits que vous ne croyez à votre estime.

ARTHUR

Elle est pour Joany une compagne dévouée .. Elle l'a soutenu, encouragé dans les moments difficiles de sa vie d'artiste.

SÉRAPHINE, *bas.*

On dit qu'il a du talent...

ARTHUR

Dans quelques années, il sera l'un de nos premiers peintres, un des maîtres de l'école française.

SÉRAPHINE, *à Rémond suivi de Maurice.*

Monsieur Joany est appelé à devenir célèbre, par conséquent à être un jour très riche... Si nous lui proposions notre fille ?

MAURICE

J'ai offert la mienne à lui avec plusieurs millions de dot, à la condition qu'il viendrait habiter le pays de moa ; il a répondu qu'il préférait rester dans le pays de lui.

RÉMOND

J'approuve ton idée... (*A part.*) S'il épouse ma fille, Margot sera libre (*se frottant les mains*) et ça ira comme sur des roulettes.

SÉRAPHINE

Vous êtes bien joyeux ?

(*Margot rentre costumée comme dans la deuxième scène.*)

RÉMOND

Très joyeux que notre fille se marie avec monsieur Joany.

MARGOT, *à part.*

Qu'entends-je !

RÉMOND, *bas.*

Charge-toi de la négociation... Les femmes, dans ces sortes d'affaires, sont plus adroites que les hommes.

SÉRAPHINE

Monsieur Joany, vos œuvres donnent de grandes espérances ; vous avez de l'ambition ; vous êtes laborieux... Je crois que vous serez un bon mari...

RÉMOND
Comme moi.
SÉRAPHINE
Et qu'en la rendant heureuse, votre femme vous fera...
RÉMOND
Comme moi.
SÉRAPHINE, *impatientée*.
Vous me crispez avec vos interruptions... (*A Joany.*) Votre femme vous fera passer une agréable existence.
JOANY, *s'inclinant*.
Je suis flatté de votre bonne opinion.
SÉRAPHINE
Ma fille est jolie, bien élevée... Elle est encore au couvent.
RÉMOND
Nous n'avons pas d'autre enfant, et à notre mort, elle héritera...
JOANY
N'hériterait-elle que des grâces et des qualités de sa mère que ce serait un parti fort avantageux.
SÉRAPHINE
C'est vous dire, cher monsieur, que nous vous verrions entrer avec plaisir dans notre famille.
ARTHUR, *à Margot*.
Vous pleurez?
MARGOT, *bas*.
O mon Dieu! que va-t-il répondre?...
MAURICE, *bas*.
C'est un galant homme.

JOANY

Je suis pénétré de votre offre (*amenant Margot*); mais voici la femme que j'ai juré d'épouser.

MARGOT, *émue.*

Ne pense plus à ton serment... La fortune permet d'atteindre à la gloire... Sois heureux!...

JOANY

Pourrais-je l'être sans toi?... (*Margot va pour lui baiser la main.*) Non, sur mon cœur!... (*Ils s'embrassent avec effusion.*) Vous serez nos témoins, messieurs... Je vous donne rendez-vous devant monsieur le maire.

TOUS

Nous y serons.

RÉMOND, *bas à Placide.*

La petite Margot m'échappe... Vous en étiez toqué aussi?

PLACIDE, *bas.*

Votre femme a tout ce qu'il faut pour vous la faire oublier.

RÉMOND

Et vous, monsieur Placide?

PLACIDE, *soupirant.*

Moi... (*Lui prenant la main, en regardant Séraphine.*) Je trouverai des consolations dans votre amitié.

RIDEAU

(1886.)

CHANSONS

Les vers sont enfants de la lyre :
Il faut les chanter, non les lire.

LAMOTTE.

A mes Amis.

LA DERNIÈRE CHANSON
D'UN MARCHAND DE PAPIERS.

Air de *la Valse des Comédiens.*

C'est décidé, je renonce au Parnasse.
De vrais amis m'ont dit : « Fais ton métier.
« Pense à Gilbert plus qu'à l'heureux Horace,
« Brise ta lyre et reste papetier. »

Quoi ! te briser ? aurais-je ce courage ?
J'allais sombrer, tu me tendis la main,
En m'indiquant un port contre l'orage,
Et près de toi j'ai suivi ce chemin.

Puis-je oublier, ô ma fidèle lyre!
Que, d'une femme attendrissant le cœur,
Tes doux accents changèrent mon martyre
En jours d'amour, d'ivresse et de bonheur?

Puis-je oublier que tu chantas la France?
A ses concerts tu sus mêler ta voix,
En exaltant sa gloire et sa puissance
Dans les beaux-arts, comme dans ses exploits.

Remonte au ciel, retourne en ta demeure :
Tu reviendras, laisse-moi cet espoir,
Quand du repos pour moi sonnera l'heure;
Adieu, ma lyre!... ou plutôt : au revoir !

Elle est partie en me disant : « Travaille,
« Et la fortune à tes vœux sourira;
« Aux biens d'autrui ne fais jamais d'entaille;
« Sois honnête homme et fuis qui te dira :

« En te servant des poids, de la mesure,
« En tout il faut se montrer commerçant;
« A plus du six prêter c'est de l'usure,
« Mais on peut vendre, en gagnant cent pour cent. »

C'est décidé, je renonce au Parnasse.
De vrais amis m'ont dit : « Fais ton métier.
« Pense à Gilbert plus qu'à l'heureux Horace !... »
Ils ont raison, je reste papetier.

Venez chez moi; là, vous verrez, en rames,
Bien des papiers, j'en ai pour tous les goûts;
Des longs, des courts, j'ai même pour ces dames
Des *colombiers* (1), des *sans-fin* et des *mous*.

J'ai des *poulets* que j'offre aux jeunes filles;
Aux Piémontais je cède mes *lombards*;
Aux imprimeurs je livre mes *coquilles*;
Plus d'un client gobera mes *bâtards*.

Aux prétendants j'offrirai des *couronnes*
Et des *écus*, — ils en ont tous besoin; —
J'ai maint *ministre* aux allures gasconnes,
Si mes *timbrés* leur donnaient du tintouin.

Aux courtisans je vendrai des *serpentes*;
Aux avocats, aux huissiers, des *griffons*,
Et le *grand aigle* aux Corneilles, aux Dantes,
Et le *grand monde* aux Cuviers, aux Buffons.

(1) Tous les mots écrits en lettres italiques indiquent des formats de papiers ou des articles de cette industrie.

J'ai ce papier qu'on doit avoir en poche :
Certains besoins font rechercher mes *pots*,
Et je veux vendre, en agitant ma *cloche*,
Des *chapelets*, des *jésus* aux dévots.

J'ai du *soleil*, des *brouillards*, des *pelures*,
Et du *calquer* pour nos féconds auteurs ;
Des *parchemins*, du *torchon*, des *rognures*
Et des *raisins* de toutes les couleurs.

C'est décidé, je renonce au Parnasse.
De vrais amis m'ont dit : « Fais ton métier.
« Pense à Gilbert plus qu'à l'heureux Horace !... »
Ils ont raison, je reste papetier.

Saint-Tronc, 1847.

Couplets adressés au journal Le Mistral.

SOUFFLE, MISTRAL!

Air : *Le Dieu des bonnes gens.*

Joyeux journal, dont la pointe caustique
Du ridicule enregistre les faits,
Ta raison d'être en te lisant s'explique ;
Mais ta raison peut ployer sous le faix.
Veux-tu braver les fureurs de l'orage ?
Prends à Molière, à Voltaire, à Pascal,
Leurs traits moqueurs ; puis, marche, allons, courage !
    Souffle, souffle, *Mistral!* (*bis*)

Dans les salons où règne l'opulence,
Assure-toi si d'un riche butin
Discrètement on aide l'indigence
A supporter son pénible destin.

Pour le Crésus n'offrant qu'un cœur de glace
Au suppliant qui fléchit sous le mal;
Sur les trésors que dans son coffre il place,
   Souffle, souffle, *Mistral!* (*bis*)

Vois Angéla, cette femme à l'enchère,
Que Paul avait, quand Pierre vint un jour:
Payant bien mieux, à l'autre on le préfère;
Voilà chez nous comme on entend l'amour!
Trafic honteux, assimilant la femme
A la mélasse, à l'esclave, au cheval.
Sur ces amours, dont la base est infâme,
   Souffle, souffle, *Mistral!* (*bis*)

Machin a dit : « Les blés sont à la baisse,
« Accaparons!... Bientôt ils vont manquer!...
« Ce coup hardi peut relever ma caisse!...
« Mais si je perds? Ma foi! qu'ai-je à risquer?
« Dans le crédit se trouve ma ressource,
« De gros zéros forment mon capital!... »
Si c'est ainsi qu'on opère à la Bourse,
   Souffle, souffle, *Mistral!* (*bis*)

Un écrivain, qui met tout son génie
Dans l'art d'agir toujours d'après le temps,
Prouve, le jour, ce que la nuit il nie,
Et sait voguer sur les flots inconstants.

Quel est son dieu, son pays, sa bannière ?
C'est le succès... Ah! sur ce piédestal
Que l'honnête homme appellera l'ornière,
   Souffle, souffle, *Mistral!* (*bis*)

Pauvre mari! tu vis dans l'abstinence,
Pour subvenir aux charges de l'hymen.
Femme, jadis, évitait la dépense ;
L'or, maintenant, disparaît sous sa main.
A ton épouse il faut riche parure.
Paie... ou tais-toi, si tu vois un rival.
Sur ce bonheur que l'hymen nous procure,
   Souffle, souffle, *Mistral!* (*bis*)

Souffle, *Mistral*, sur les Robert-Macaires,
Les Turcarets et sur les charlatans ;
Grands médecins, fameux apothicaires,
Industriels vendant à prix coûtants ;
Sur le pédant, sur l'œuvre que publie
Le plagiaire, au toupet sans égal,
Sur le Tartuffe... et sur ceux que j'oublie,
   Souffle, souffle, *Mistral!* (*bis*)

1858.

Sonnet écrit sur l'album de Mlle J. F

LE SIÈCLE

En ouvrant cet album où de la poésie
Votre plume sensible a semé tant de fleurs,
Je viens, plein du transport dont vous êtes saisie,
Mêler aussi ma voix aux cris de vos douleurs.

Dans ce monde où l'on voit la lâche hypocrisie
Prendre de la vertu les dehors, les couleurs,
Une timide Agnès nous cache une Aspasie,
Pour les maux de son peuple un Tibère a des pleurs.

O siècle d'histrions, de mensonge et de fange !
Sous le pouvoir de l'or tout se plie et se range,
Et l'égoïste heureux te contemple à genoux !

Je n'imiterai point qui l'admire ou l'encense,
Je le connais !... Cherchant la candeur, l'innocence,
J'ai pu les rencontrer en m'adressant à vous.

QUAND ON EN REVIENT...
QUE C'EST BÊTE!

Musique de A. GAUTHIER.

Je ris quand j'entends de l'amour
Vanter les douceurs et les charmes;
Jamais il n'accorde un beau jour
Sans qu'il y mêle quelques larmes.
J'ai connu ces agréments-là;
Aussi, maintenant, je répète :
L'amour, c'est beau, lorsqu'on y va;
Quand on en revient... que c'est bête!...

Une veuve de quarante ans
Eut de mes premiers feux l'hommage;
S'ils ne brûlèrent pas longtemps,
C'est qu'elle en fit trop grand usage.

Mon docteur me dit : « Halte-là !...
« Autrement votre affaire est faite... »
L'amour, c'est beau, lorsqu'on y va;
Quand on en revient... que c'est bête !...

Je m'étais à peine remis
De mes exploits avec la veuve,
Qu'au sortir d'un bal, je m'épris
D'une fillette... toute neuve.
J'étais heureux,... mais son papa
D'un coup de poing me fend la tête.
L'amour, c'est beau, lorsqu'on y va;
Quand on en revient... que c'est bête !...

Je devins ensuite l'amant
D'une femme fort à la mode;
Son cher époux sut gentiment
M'exploiter en vertu du Code.
Je voulus rompre... On me fourra
Vite en prison, sur sa requête.
L'amour, c'est beau, lorsqu'on y va;
Quand on en revient... que c'est bête !...

De sa fenêtre, une Phryné
M'appelle et de l'œil et du geste;
Là, je pris, quoique vacciné,
Ce qu'on devine et puis le reste.

Je n'en dis rien, puisque cela
Est une affection secrète.
L'amour, c'est beau, lorsqu'on y va ;
Quand on en revient... que c'est bête !...

J'entends Madelon dire à Jean :
« T'as abusé de ma faiblesse ;
« Bientôt je deviendrai maman.
« Moi qui comptais sur ta promesse,
« Si j'avais su qu' c'était comm' ça,
« J' serais encore un' fille honnête.
« L'amour, c'est beau, lorsqu'on y va ;
« Quand on en revient... que c'est bête !... »

« — Pourquoi, répond Jean, t' désoler ?
« Puisqu'il n'est point d' plaisir sans peine ;
« Mad'lon, laissons notr' cœur aller
« Vers l'objet qui l' charme et l'entraîne.
« Pour fair' l'amour Dieu nous créa ;
« Faut pas qu'un peu d' mal nous arrête.
« L'amour, c'est beau, lorsqu'on y va ;
« Quand on n'y va plus... que c'est bête !... »

A mon ami Paul Bosq.

MARSEILLE

Chantée par MM. Fleury, Closet, David; Mme Poncer et Mlle Amélie d'Aubigny.

Air : *Qu'es pas feniant, qu'es pas groumand,* etc.
ou : *Suzon sortant de son village.*

Marseille, ton aspect magique
D'orgueil fait tressaillir mon cœur!
L'envie, usant de la critique,
Parle de toi d'un air moqueur.
    Laisse-la rire.
    Malgré son dire,
Tes vastes ports, ta mer aux flots d'azur,
    Tes monts arides
    Et tes bastides
Où le grand pin touche ton ciel si pur,

Font de ton site une merveille,
Et celui qui franchit les mers,
Dit, en parcourant l'univers :
　　Rien n'égale Marseille.

On glose sur ta Cannebière,
Tes monuments, tes vieux quartiers,
Sur ton existence *épicière*,
Sur ton histoire sans lauriers,
　　Sur tes usages,
　　Qu'on dit sauvages,
Sur ton accent rude et sur ton mistral,
　　Sur... Mais silence!
　　C'est trop, je pense,
Calomnier un pays sans rival!...
Cachez le bout de votre oreille,
Détracteurs qui mangez son pain;
Ah! que deviendriez-vous demain,
　　Si vous quittiez Marseille?

Marseille, je veux te défendre,
Et les ingrats que tu nourris,
Dans les filets que je vais tendre,
Comme des *muges* (*) seront pris.

(*) Le *muge* (mulet) a le renom d'être un poisson stupide, aussi applique-t-on sa dénomination aux ignorants.

Sur ton histoire
Plane la gloire :
J'ai pour témoins César et de Bourbon.
La *Marseillaise*,
Ne leur déplaise,
Dont chaque vers vaut cent coups de canon,
Aux souvenirs qu'elle réveille,
Prouvera qu'en fait de valeur,
Toujours dans les champs de l'honneur,
On voit briller Marseille.

Te sachant fille de la Grèce,
Ils font tes fils *Bistiens ;*
Notre esprit, notre politesse,
Irritent ces *Athéniens !*...
Dans la peinture,
Dans la sculpture,
C'est Papety, c'est l'immortel Puget,
Thiers, Capefigue
Leur font la figue ;
Barthélemy leur montre aussi son fouet (*) ;
Si l'esprit chez d'autres sommeille,
Avec Méry, Raibaud, Autran,
Guinot, Bazin, Daumier, Gozlan,
S'endort-il à Marseille ?

(*) Auteur de la *Némésis.*

Tes édifices sont en Chine,
Partout où sont tes bâtiments ;
Au Brésil, en Grèce, à Messine,
On peut voir tes beaux monuments.
  Ton peuple est riche,
  Et s'il affiche
Parfois un air morose et dédaigneux,
  Sa gaîté franche
  Vient, le dimanche,
A la bastide éclater dans les jeux.
  N'abusant point de la bouteille,
  Il chantera : *Qu'un tron de l'er*
  Cure leis Franciots qu'an l'air
  De gallegear Marseille (*).

De la beauté grecque et romaine
Ton sexe a conservé les traits ;
Ses beaux yeux, ses cheveux d'ébène
Font rêver à d'autres attraits.
  Vif et sincère,
  Il sait nous plaire,
Par ses vertus, son ordre et son travail ;
  En la cuisine,
  Où sa routine
A découvert le système Raspail.

(*) Que le tonnerre cure les Français du Nord qui ont l'air de goguenarder Marseille.

Tes femmes, sans qu'on les surveille,
A leurs devoirs ne manquent pas ;
Chez celles qui font des faux pas
    Bien peu sont de Marseille.

Je bois à ton sexe adorable,
Je bois à ton monde savant,
A ta marine incomparable,
Pour que Dieu lui donne un bon vent ;
    A ta richesse ;
    A la tendresse
Que le malheur t'inspire chaque jour ;
    A ta belle âme
    Qu'un rien enflamme,
Dès qu'il s'agit de patrie et d'amour ;
A ta franchise sans pareille ;
A tes souvenirs d'autrefois ;
A ton commerce...; enfin, je bois
    Au bonheur de Marseille !

Couplet chanté au Casino par Mme Poncer, le soir de ses adieux.

Messieurs, ma douleur est extrême !
Il est bien cruel pour mon cœur
De quitter un public que j'aime
Et qui m'accueille avec faveur.

De votre ville,
Toujours fertile
En sentiments tendres et généreux,
Vous pouvez croire
Que ma mémoire
Conservera des souvenirs heureux !...
Ah ! s'il est doux à votre oreille
Le nom de Clotilde Poncer;
Il en est un qui m'est bien cher,
C'est celui de Marseille !

A Mademoiselle Céleste S...

LA PRIÈRE

Chantée par Mademoiselle Anaïs G.

Musique de J.-B. de CROZE.

L'airain de l'antique chapelle
Vient de retentir dans les airs;
Son timbre argentin nous appelle;
A sa voix joignons nos concerts.
Le Ciel qui rit à votre enfance,
Avec bonté veille sur vous.
Marquons notre reconnaissance
En nous mettant à ses genoux.

Au château comme à la chaumière,
Ici comme dans le saint lieu,
Mes enfants, c'est par la prière
Que l'on obtient tout du bon Dieu.

La mort, en m'ôtant votre père,
M'a ravi fortune et bonheur ;
Mais Dieu, qu'implorait votre mère,
Comprit les tourments de mon cœur.
Je lui demandais de l'ouvrage ;
Pour vivre, enfants, j'offrais mes bras.
Il me dit : « Mère, prends courage,
« Je ne t'abandonnerai pas! »

Au château comme à la chaumière,
Ici comme dans le saint lieu,
Mes enfants, c'est par la prière
Que l'on obtient tout du bon Dieu.

Grâce à lui, jamais la misère
Dans nos foyers ne pénétra ;
Répondons à qui désespère :
Aide-toi, le Ciel t'aidera.
La prière, sainte harmonie,
Élève nos cœurs jusqu'à lui ;
Et de sa puissance infinie
Elle nous assure l'appui.

Au château comme à la chaumière,
Ici comme dans le saint lieu,
Mes enfants, c'est par la prière
Que l'on obtient tout du bon Dieu.

La prière est une richesse :
Mes enfants, soyons généreux.
Prions Dieu, prions Dieu sans cesse
Pour nous et pour les malheureux.
Elle offre un baume à la souffrance,
Elle vient calmer nos douleurs,
Elle est toujours une espérance
Pour celui qui verse des pleurs.

Au château comme à la chaumière,
Ici comme dans le saint lieu,
Mes enfants, c'est par la prière
Que l'on obtient tout du bon Dieu.

~~~~~~~~~~~~

La Prière a été éditée à Paris par M. CHAILLOT.

A Mademoiselle Rosine P...

LA PEUREUSE
(SOUVENIR D'AVIGNON)
Chantée par Mademoiselle Anaïs G.

Musique de J.-B. de CROZE.

Près du pont de Saint-Bénézet,
Dans sa barque était le beau Pierre
Qui, pour m'y faire entrer, disait :
— Viens, Anna, cède à ma prière !...
Le Rhône paisible en son cours,
De notre tendresse est l'image,
Et ce n'est pas pour nos amours
Qu'on doit redouter un orage.

— Pierre, ai-je répondu : J'ai peur !
Car rien n'est stable dans ce monde.

Le Rhône est comme le bonheur;
Compter sur le calme de l'onde,
C'est croire aux serments de ton cœur!
   J'ai peur!
  Pierre, avec toi, j'ai peur!

— Chère Anna, m'a-t-il dit, pourquoi
Craindre l'amour qui me dévore?
Je veux rester auprès de toi,
Digne du tendre amant de *Laure*.
— *Pétrarque* et toi, Pierre, font deux.
Tu sais trop bien quels sont mes doutes :
D'une femme il fut amoureux,
Tandis que tu les aimes toutes.

Pierre, dans ta barque, j'ai peur!
Car rien n'est stable dans ce monde.
Le Rhône est comme le bonheur;
Compter sur le calme de l'onde,
C'est croire aux serments de ton cœur!
   J'ai peur!
  Pierre, avec toi, j'ai peur!

Tu me donnes le doux espoir
Qu'aujourd'hui je serai ta femme;
Notre-Dame-des-Dons, ce soir,
De nos cœurs bénira la flamme.

De mon esprit soyez exclus,
Soupçons qui me rendiez jalouse!...
Pierre, je ne te dirai plus,
Dès que je serai ton épouse :

Pierre, dans ta barque, j'ai peur!
Car rien n'est stable dans ce monde.
Le Rhône est comme le bonheur;
Compter sur le calme de l'onde,
C'est croire aux serments de ton cœur!
   J'ai peur!
 Pierre, avec toi, j'ai peur!

(A Madame la comtesse de Mag...

LE RENDEZ-VOUS DE LA CHARITÉ

Chanté par MM. Leter et Maximilien.

Musique de H. CAS.

Qu'attendez-vous, ma noble dame,
Dans le parc de votre château ?
Est-ce l'amour qui vous réclame,
Aux chants matineux de l'oiseau ?
Les premiers rayons de l'aurore
Sont-ils l'heure du rendez-vous ?
Au manoir tout sommeille encore :
Noble dame, qu'attendez-vous ?

Qu'attendez-vous, ma noble dame ?
C'est peut-être un beau chevalier
Qui, suivant l'ardeur de son âme,
Vole vers vous sur son coursier ?

Des échos la voix est muette,
Rien ne présage instants si doux.
Je n'aperçois que l'alouette :
Noble dame, qu'attendez-vous ?

Qu'attendez-vous, ma noble dame ?
Mais, que vois-je ! c'est un blessé,
C'est un vieillard, c'est une femme,
C'est un pauvre enfant délaissé ;
C'est la douleur, c'est la misère
Qui demandent votre secours.
Pour tous, vous êtes une mère :
Noble dame, attendez toujours !

Attendez toujours, noble dame ;
Il est bien des maux à guérir !
Votre cœur connaît le dictame
Qu'à chacun d'eux on peut offrir.
Celle qui donne à la souffrance
Ses soins, sa fortune et ses jours,
A dans le ciel sa récompense :
Noble dame, attendez toujours !

Cette romance a été éditée à Paris par M. Huré.

A Madame Marie R.

LE NID DE L'HIRONDELLE

Chanté par Mlle Adrienne.

Musique de J.-B. de CROZE.

Fille de l'air, déjà l'été colore
Les premiers fruits qu'annonçait le printemps;
A la chaleur tout se hâte d'éclore;
Tout en provient, ainsi que tes enfants.
Vois sous ce toit! n'es-tu pas l'ouvrière
De ce berceau que l'amour a béni?
Pauvre hirondelle, au toit de ma chaumière,
En voltigeant, viens reprendre ton nid!

Quoi! tu t'enfuis... hôte de nos campagnes,
Qu'un long hiver a séparé de nous;
Ces prés fleuris, ces vallons, ces montagnes
Devraient t'offrir des souvenirs bien doux.
Oublierais-tu l'ombrage de ce lierre,
Qu'à tes amours la nature a fourni?
Pauvre hirondelle, au toit de ma chaumière,
En voltigeant, viens reprendre ton nid!

Oh! ne va pas vers de riches demeures!...
L'ennui s'y gagne et d'un fiévreux sommeil,
Ton cri plaintif viendrait troubler les heures;
Crains les puissants, surtout à leur réveil!...
Par eux, un jour, d'une main meurtrière,
Ton libre essor pourrait être puni.
Pauvre hirondelle, au toit de ma chaumière,
En voltigeant, viens reprendre ton nid!

Mais tu reviens au gîte où tu vis naître
Les doux présents que t'ont faits les amours.
Comme autrefois, je vais sur ma fenêtre,
A tes besoins porter quelque secours.
Le ciel enfin exauce ma prière,
Puisqu'à mon sort le tien veut être uni.
Pauvre hirondelle, au toit de ma chaumière,
En voltigeant, viens reprendre ton nid!

Tout comme toi, Jenny, souffrante, espère
Un fruit qu'hymen nous cache sous des fleurs;
Viens lui montrer les devoirs d'une mère,
Dans ses plaisirs, comme dans ses douleurs.
Viens, dans ton vol, caresser sa paupière...
J'entends sa voix!... Adieu! pense à Jenny!
Pauvre hirondelle, au toit de ma chaumière,
En voltigeant, viens reprendre ton nid!

A Madame B. de Cl... (une Marseillaise).

LES MARSEILLAISES
— 1524 —

Air : *Gais enfants de Bacchus*, etc. (Ma Chanson).

Pour assiéger Marseille, autour de nos murailles,
Le traître de Bourbon fait camper ses soldats ;
Si mon sexe frémit aux horreurs des batailles,
Il saura des héros suivre aujourd'hui les pas.

Oublions les amours, renonçons à leurs charmes ;
Pour combattre Bourbon, aux armes ! vite aux armes !
A la voix de l'honneur nous devons accourir ;
Courage, Marseillais : il faut vaincre ou mourir !

L'homme de Charles-Quint se dit roi de Provence.
Ah! pour le couronner, montons sur les remparts!
Sous notre feu roulant que le traître s'avance,
Et dans les Marseillais, il verra des Bayards!

Oublions les amours, renonçons à leurs charmes;
Pour combattre Bourbon, aux armes! vite aux armes
A la voix de l'honneur nous devons accourir;
Courage, Marseillais : il faut vaincre ou mourir!

Il a cru que Marseille, à l'exemple des villes
Dont, sans aucun péril, il s'est ouvert l'accès,
Viendrait, la corde au cou, tendre des mains serviles :
Nous sommes Provençaux, mais nous sommes Français!

Oublions les amours, renonçons à leurs charmes;
Pour combattre Bourbon, aux armes! vite aux armes
A la voix de l'honneur nous devons accourir;
Courage, Marseillais : il faut vaincre ou mourir!

Aix, Draguignan, Fréjus, Antibe ont pu se rendre;
Mais, chez nous, la valeur croît avec le danger.
Ce n'est qu'ensevelis sous notre ville en cendre,
Que nous supporterons le joug de l'étranger.

Oublions les amours, renonçons à leurs charmes;
Pour combattre Bourbon, aux armes! vite aux armes
A la voix de l'honneur nous devons accourir;
Courage, Marseillais : il faut vaincre ou mourir!

Un Espagnol paraît sur la brèche et nous crie :
— Rendez-vous à Bourbon, sinon, point de quartier!
— Nous, céder? Que le feu de notre batterie
Lui réponde avec nous : Vive François Premier!

Oublions les amours, renonçons à leurs charmes;
Pour combattre Bourbon, aux armes! vite aux armes!
A la voix de l'honneur nous devons accourir;
Courage, Marseillais : il faut vaincre ou mourir!

La victoire est à nous. L'ennemi se retire.
France, nous avons su conserver ton drapeau.
Si jamais l'étranger menace ton empire,
Nous redirons encore, en quittant le fuseau :

Oublions les amours, renonçons à leurs charmes.
Pour défendre la France, aux armes! vite aux armes!
A la voix de l'honneur nous devons accourir;
Courage, Marseillais : il faut vaincre ou mourir!

~~~~~~~~~~~~~~

Ces couplets devaient être chantés au Casino, par Mademoiselle Risette. La censure en fit défendre l'interprétation dans la crainte que le nom de *Bourbon* n'amenât du désordre.

A Monsieur Édouard Vernet.

LE CAPORAL & LA CANTINIÈRE

Couplets chantés par M. Andéol.

Musique de J.-B. de CROZE.

J'entends déjà le tambour qui m'appelle ;
Pour moi, Suzon, le bonheur va finir ;
C'est le signal de cette heure cruelle
Que ma tendresse aurait dû pressentir ;
Mais, dans tes bras, pensais-je à l'avenir ?...
De ma douleur écoute la prière :
Tu peux encor rendre heureux ton amant.
Bonne Suzon, tu demandes comment ?
Si tu voulais devenir cantinière
 Dans le cinquième régiment.

Quoi, tu souris! tu cèdes à mes larmes!
Ton dévoûment sera mon piédestal;
Car, grâce à lui, dans le métier des armes,
Je vois grandir un simple caporal.
Suzon sera femme d'un général!
Nous marcherons sous la même bannière,
Moi pour la gloire, et toi par sentiment;
Elle a des droits à ton attachement,
Puisque tu veux être la cantinière
  De mon valeureux régiment.

On te verra, sur le champ de bataille,
Donner tes soins à nos braves soldats;
Va, ne crains rien, les boulets, la mitraille
T'épargneront au milieu des combats.
Dans les dangers Dieu guidera tes pas.
A ton retour, comme tu seras fière,
Quand de ton nom, les mères s'informant,
Nous répondrons : C'est Suzon! oui, vraiment!...
Chacun dira : Vive la cantinière,
  Le bon ange du régiment!

Si des troupiers épris de ton physique,
Tout en buvant, venaient t'offrir leur cœur,
Réponds, morbleu! pour *leur couper la chique*,
Que le mien seul suffit à ton bonheur,

Et que l'amour vit où règne l'honneur.
A leurs transports oppose une barrière,
Songe à celui qui reçut ton serment;
Car, si Vulcain prend mon signalement,
Je te dirai : Bonsoir, la cantinière,
    Puisqu'il vous faut un régiment!...

Tout nous prédit un bien heureux ménage!
Aussi, Suzon, quels plaisirs pour nous deux,
Quand, de retour dans notre gai village,
Maire et curé vont cimenter des nœuds
Que nos deux cœurs avaient formés sans eux!
De nos enfants, préparer la carrière,
Pour nos vieux jours, voilà de l'agrément;
Mais, du tambour, j'entends le roulement...
Par file à droite, allez donc, cantinière,
    Verser la goutte au régiment!

JE T'AIME BIEN, MAIS...

Air : *Amis, voici la riante semaine.*

Dans la maison où je loge, au cinquième,
J'ai pour voisine un séduisant minois,
Jeune beauté, qu'un vieillard au teint blême
Possède seul, moyennant tant par mois.
Soixante francs, c'est, d'après ma portière,
Ce que l'amour coûte à ce vieux grigou.
Lise, pourquoi n'es-tu plus ouvrière?
Je t'aime bien, mais... je n'ai pas le sou.

Ce loup-cervier, qu'à la bourse l'on cite,
Pour son astuce et sa rapacité,
Fait prospérer, après mainte faillite,
Les millions qu'il a mis de côté.

Moi, je suis peintre, et quand Vénus me tente,
Pour l'obtenir je mets ma montre au clou ;
Faut-il encor la porter *chez ma tante?*
Je t'aime bien, mais... je n'ai pas le sou.

Je donnerais mes pinceaux, ma palette
Pour t'arracher aux griffes du vautour ;
Avec de l'or ici-bas tout s'achète,
Tout, excepté la pensée et l'amour.
Si tu le veux, par la métempsycose,
De ton vautour nous ferons un coucou ;
Un peintre peut exécuter la chose...
Je t'aime bien, mais... je n'ai pas le sou.

Sur le palier, hier soir, j'ai vu Lise
Venir à moi pour me serrer la main ;
A mes désirs sa tendresse est promise,
Car en pleurant, elle a dit : A demain !
L'or du barbon a chassé la misère ;
Quand le pain manque, on frappe on ne sait où.
La pauvre enfant n'a ni père, ni mère...
Je l'aime bien, mais... je n'ai pas le sou.

A moi ton âme, à nous deux l'espérance ;
A toi ma vie, à nous deux l'avenir ;
Sous ton regard, sous ta douce influence,
Mon nom grandit, les arts vont le bénir.

Vivre pour toi, c'est le vœu que je forme.
M'oublierais-tu ? Non, tu viens... J'étais fou !...
J'avais bien peur de t'attendre sous l'orme...
Tu m'aimes donc, moi qui n'ai pas le sou !

LA PROVENCE

Chantée par Madame Poncer, Mesdemoiselles Amélie d'Aubigny et Jeanne.

Air : *Allons, Glycère, remplis mon verre*, etc.

Sur le sol des Alpes au Rhône,
Qui, le long de la mer s'étend ;
C'est là que placèrent son trône
Nos braves aïeux, en chantant :
  Terre chérie,
  Où se marie
  Un gai séjour
Avec l'abondance et l'amour !
  Belle Provence !
  Amour, vaillance
  Seront toujours
Le refrain de tes troubadours.

L'arme au bras, c'est Toulon qui veille,
Les yeux fixés sur l'étranger;
Plus loin, c'est Grasse qui sommeille
Sous les jasmins et l'oranger.

  Terre chérie
  Où se marie, etc.

C'est Arles, la ville romaine,
Qui garde en son adversité,
Une puissance souveraine
Par son sexe riche en beauté.

  Terre chérie,
  Où se marie, etc.

Je vois Aix toute blasonnée,
Et du gai savoir le berceau,
Donner à la France étonnée
Vauvenargues et Mirabeau. (*)

  Terre chérie
  Où se marie, etc.

(*) Le hasard a fait naître Mirabeau à Bignon (Loiret), mais il appartient à la Provence par sa famille (Riquetti), qui vint au xive siècle s'établir dans cette province. Les Mirabeau possédaient près de Pertuis, sur les bords de la Durance, un fief dont ils ont pris le nom. Ils avaient dans cette province, outre leur château, deux demeures : une maison à Pertuis, où habitait l'oncle de Mirabeau, et un

Aux pieds des Alpes, d'humbles villes
Montrent Gassendi, Manuel :
L'un combat des pouvoirs serviles,
L'autre dit les secrets du ciel !

  Terre chérie,
  Où se marie, etc.

Salut à l'antique Phocée !
Marseille, la reine des mers,
Par son commerce et sa pensée,
Rayonne sur tout l'univers.

  Terre chérie,
  Où se marie, etc.

Salut ! salut ! noble patrie !
A ton ciel pur, à ta splendeur,
A ta vieille chevalerie,
A ton histoire, à ta valeur !

  Terre chérie,
  Où se marie, etc.

hôtel à Aix. L'auteur de l'*Ami des Hommes*, le père du grand orateur, était né à Pertuis en 1715 ; son fils épousa, à Aix, Mlle de Marignane et fut nommé quelques années plus tard à l'Assemblée constituante par les membres du Tiers-État de Marseille et d'Aix. Mirabeau opta pour cette dernière ville.

Tant que de bons fils pour leur mère
Auront de tendresse et d'amour,
Provence! tu resteras chère
A ceux qui te doivent le jour !

  Terre chérie,
  Où se marie
  Un gai séjour
Avec l'abondance et l'amour!
  Belle Provence
  Amour, vaillance,
  Furent toujours
Le refrain de tes troubadours.

FAISONS TOUJOURS DES FILLES!

Couplets chantés par MM. Closet et David.

Air : *Marseille, ton aspect magique*
ou *Qu'es pas feniant, qu'es pas groumand, etc.*

Quand on voit, malgré le corsage,
S'arrondir de charmants appas,
C'est un garçon, selon l'usage,
Qu'on désire à tous les papas.
  Nul ne réclame
  La pauvre femme ;
Pourtant, sans elle, hélas! que devenir?
  Dans sa jeunesse,
  Dans sa vieillesse,
Elle a pour nous un beau rôle à remplir.
 Elle prend soin de nos guenilles,
 Elle supporte notre humeur,
 Elle est épouse, mère et sœur :
  Faisons toujours des filles!

A son foyer, le fils préfère
Le bruit et les joyeux ébats ;
La fille reste avec sa mère,
Tout en nous tricotant des bas.
  Là, patiente,
  Elle lui chante
Tendre romance au refrain langoureux.
  Sous la fenêtre,
  On voit paraître
Un beau jeune homme. Ah ! c'est un amoureux !
 — Pourquoi fermez-vous vos aiguilles ?
 — Maman, comme j'ai peur, le soir ;
A la fenêtre... je vais voir !...
  Faisons toujours des filles !

La femme, sans cesse à l'ouvrage,
Repasse et coud nos pantalons ;
Et tout en faisant son ménage,
Fait encor... ce que nous voulons.
  Dès son enfance,
  A la souffrance
Elle se voue au péril de ses jours.
  Hospitalières
  Ou vivandières,
Près du malheur les femmes vont toujours.
 Pour de légères peccadilles,
 J'entends gronder plus d'un époux ;

Les femmes valent mieux que nous :
Faisons toujours des filles !

Femme, ton cœur se désespère!
Ton enfant repousse tes jeux;
Il souffre... et cependant son père
Ronfle et dort comme un bienheureux.
L'époux sommeille,
L'épouse veille,
Voilà sa part aux plaisirs de l'hymen !
Attends sans crainte,
Mère, à ta plainte
Le Ciel sourit en te tendant la main.
N'es-tu pas l'ange des familles,
Par tes attraits, par ton bon cœur;
Femme, sans toi, point de bonheur!
Faisons toujours des filles !

Vous trouvez vos femmes coquettes.
Qu'importe, ô maris, trop jaloux !
Qu'elles fassent tourner nos têtes,
Si vos femmes n'aiment que vous.
O faux bonshommes
Que tous nous sommes !
Dans sa moitié l'on veut un cœur constant.

Puis à sa mode,
Jugeant le Code,
Loin du ménage on va... chacun m'entend !
Nos épouses qui sont gentilles,
Pourraient bien, un jour, se venger ;
Pour éviter pareil danger,
Faisons toujours des filles !

Vous me dites, mesdemoiselles :
— Que deviendrons-nous sans garçons ?
Pour eux le bon Dieu nous fit belles,
Pour eux... — Je comprends vos raisons.
Votre faiblesse,
Votre tendresse,
De mes couplets ont droit de s'alarmer.
Mon vœu sévère
Doit vous déplaire,
Vous qui vivez pour souffrir, pour aimer.
Ne craignez rien, tous ces bons drilles
Viendront au gré de vos désirs ;
Mais, pour répondre à leurs plaisirs,
Faisons toujours des filles !

L'AMOUR D'UNE DUCHESSE

Musique de H. CAS.

Dans son fauteuil, une vieille duchesse
Était mourante ; auprès d'elle un vieillard,
Se rappelant sa pénible jeunesse,
Sur cette femme arrêtait son regard.
Malgré les maux que voile son sourire,
Elle lui dit : — Marquis, résignons-nous !
La mort approche, à présent je puis dire
De quel amour mon cœur brûla pour vous.

En me montrant à vos vœux insensible,
C'est qu'il fallait, fidèle à mon devoir,
Cacher à tous cet amour impossible
Que je berçais en moi d'un doux espoir.

Je modérais les transports de votre âme,
En invoquant l'honneur de mon époux.
Lui seul, marquis, peut m'appeler sa femme;
Je n'ai pourtant jamais aimé que vous.

C'est à la cour, lors de mon mariage,
Que je vous vis pour la première fois,
Tout m'enivra : vos traits, votre langage,
Vos sentiments pour le meilleur des rois.
Au menuet, quand on nous fit paraître,
Les assistants émus se dirent tous :
Dieu les avait l'un pour l'autre fait naître!...
Je n'ai, marquis, jamais aimé que vous.

Trois ans après éclata la tempête
Qui vint briser tant de généreux cœurs;
Vous défendiez le trône, votre tête
Devait tomber sous le fer des vainqueurs.
A vos bourreaux, pour qu'elle fût ravie,
J'aurais livré mes trésors, mes bijoux;
Pour vous sauver j'eusse donné ma vie!...
Je n'ai, marquis, jamais aimé que vous.

Je sus guider vers la terre étrangère
Vos pas, malgré les agents du pouvoir.
Là, travaillant pour vaincre la misère,
A la charrue, un marquis se fit voir.

Il refusa les dons de ma tendresse;
Ils auraient pu rendre son sort plus doux :
D'un amour pur les dons n'ont rien qui blesse!...
Je n'ai, marquis, jamais aimé que vous.

Avec nos rois vous revintes en France,
Rois qui depuis... Ah! marquis, votre main!...
En nous quittant, gardons cette espérance
Que du bonheur la mort est le chemin.
Pour mon amour qui fut chaste et sincère
D'un Dieu clément craindrais-je le courroux?
Au ciel, marquis, ainsi que sur la terre,
Après mon Dieu je n'aime plus que vous.

L'Amour d'une Duchesse a été édité à Paris par M. A. Huré

Aux Acquéreurs de diverses parties de cette immense Propriété (*).

LE CHANT DE PALAMA

AIR : *De la Vieille.*

Je suis enfin propriétaire,
Grâce à mon ordre, à mon labeur !
Salut à ce morceau de terre
Que je contemple avec bonheur !
Il est le fruit de ma sueur.
Tristes Proudhons ! vous, dont l'affreux sophisme
Trouve le vol dans la propriété,
Voici mon droit !... s'il était contesté,
Je vous attends, vous et le communisme !...
Vœux, qu'un travail bien pénible forma,
Dieu vous exauce à Palama.

(*) Ce domaine, qui contient une partie de la chaîne de l'Étoile, est situé à quatre kilomètres de Château-Gombert, village de la banlieue de Marseille.

Pour les miens, pour moi je projette
Le plus modeste des séjours :
Là, je veux une maisonnette
Où j'espère finir mes jours ;
J'y vois un nid pour mes amours.
Simplicité fut toujours ma devise :
Je fuis le bruit, le faste et le fracas ;
Des préjugés je ne fais aucun cas.
Le vrai bien-être est d'agir à sa guise.
Vœux, qu'un travail bien pénible forma,
Dieu vous exauce à Palama.

Ce terrain, qui paraît stérile,
Va se transformer en jardin ;
L'art saura le rendre fertile ;
Il triomphera du dédain
Que lui montre le citadin (*).
Fi de ces murs que la crainte motive (**) :
Quand dans mon champ les pauvres glaneront,
Sans le vouloir, mes yeux se fermeront. .
Ne faut-il pas que tout le monde vive ?

(*) Ceux qui ont de la fortune et qui peuvent trouver une campagne toute formée prétendaient que rien ne viendrait sur ce sol pierreux et rocheux : l'expérience a prouvé le contraire.
(**) Une clause des actes de vente interdisait à tout acheteur d'élever des murs de clôture ayant plus d'un mètre de hauteur.

Vœux, qu'un travail bien pénible forma,
    Dieu vous exauce à Palama.

    Chez moi je défendrai la chasse
    Au poste, entouré de buissons ;
    J'aime la perdrix, la bécasse,
    Mais désire avoir les chansons
    Des fauvettes et des pinsons.
J'aurai des pisn... Un jour, sous leur ombrage,
Mes chers enfants pourront se réunir ;
On les verra, pleins de mon souvenir,
A mes travaux rendre un pieux hommage.

Vœux, qu'un travail bien pénible forma,
    Dieu vous exauce à Palama.

    Tous les dimanches, ma famille (*),
    Faisant du temps un sage emploi,
    Prendra la pioche ou la faucille
    Et jardinera près de moi ;
    Je serai plus content qu'un roi !...
Propriété, chose sainte et chérie !
Heureux celui qu'enlacent tes liens ;

(*) Ces terrains ont été achetés, en grande partie, par des ouvriers sages et économes. Tous les dimanches, on les voit travailler en famille à l'amélioration de leur propriété. Rien n'est plus curieux et plus intéressant que ce spectacle.

Elle te doit les meilleurs citoyens,
Car, posséder, c'est aimer sa patrie.
Vœux, qu'un travail bien pénible forma,
    Dieu vous exauce à Palama.

1801.

A mon Ami Toussaint Caussemille.

ELLE N'EST PLUS !

Air : *Échos des bois, errant dans ces vallons.*

> J'eus le secret de ces vertus modestes.
> BÉRANGER.

Elle n'est plus, elle est auprès de Dieu !
Elle n'est plus, cette mère chérie !
Elle nous quitte, et son dernier adieu
Est un appel vers une autre patrie.

Pourquoi pleurer ta mère qui n'est plus,
Si des bons cœurs le Ciel fait ses élus ?

De l'Évangile interprétant la loi,
L'amour du bien, seul, inspirait son âme :
La charité, l'espérance et la foi
De sa ferveur alimentaient la flamme.

Pourquoi pleurer ta mère qui n'est plus,
Si des bons cœurs le Ciel fait ses élus ?

Honneur, vertu, dévoûment, piété :
Tels sont ses biens, tel est son héritage ;
Legs glorieux, par ton cœur accepté,
Et dont tu fais toujours un noble usage.

Pourquoi pleurer ta mère qui n'est plus,
Si des bons cœurs le Ciel fait ses élus ?

Un soir d'hiver (*), caché dans un manteau,
Un proscrit frappe à ta porte, et ta mère,
Sans regarder quel était son drapeau,
Lui dit : « Soyez le bienvenu, mon frère ! »

Pourquoi pleurer ta mère qui n'est plus,
Si des bons cœurs le Ciel fait ses élus ?

Et le proscrit que tu reçus chez toi,
Deux mois après put revoir sa famille.

(*) Décembre 1851.

Il t'onblia... Ton action, crois-moi,
En lettres d'or dans mes souvenirs brille.

Pourquoi pleurer ta mère qui n'est plus,
Si des bons cœurs le Ciel fait ses élus ?

Par tes bontés, à vingt ans, tu perdis
Le riche avoir que te laissa ton père ;
Mais, t'appuyant sur ta mère, tu dis :
Allons, courage ! honte à qui désespère !...

Pourquoi pleurer ta mère qui n'est plus,
Si des bons cœurs le Ciel fait ses élus ?

Le travail vient, le bonheur reparaît !
Dans ton logis où renaît l'abondance,
S'ouvre une main dont le pouvoir discret
Pour l'indigent est une Providence.

Pourquoi pleurer ta mère qui n'est plus,
Si des bons cœurs le Ciel fait ses élus ?

A son cortège, ami, chacun de nous,
En avançant vers le lieu funéraire,
Versait des pleurs... Ah ! si nous pleurions tous.
Les malheureux, hélas ! qu'ont-ils dû faire

Pourquoi pleurer ta mère qui n'est plus,
Si des bons cœurs le Ciel fait ses élus ?

Quand vers le Ciel se lèveront mes yeux,
Quand je voudrai qu'il écoute ma plainte,
J'ai dans ta mère un appui précieux :
N'est-elle pas pour nous tous une sainte ?

Pourquoi pleurer ta mère qui n'est plus,
Si des bons cœurs le Ciel fait ses élus ?

6 avril 1862.

LA FOLLE DE SAINT-GILDAS

Ballade chantée par Mme B. Lécuyer.

Musique de H. CAS.

Laissons dormir les récits où la gloire
Fait un charnier du plus riant séjour ;
J'ai pour vos cœurs, enfants, une autre histoire,
Écoutez-la, car rien ne vaut l'amour.

A Saint-Gildas, sur le bord de la plage,
Est un vieux temple ; auprès de lui, le soir,
Quand le sommeil s'emparait du village,
Furtivement Jeanne venait s'asseoir.
Elle attendait, l'œil fixé sur le golfe,
Le beau Gaston, l'un des gardes du roi ;
Cependant Jeanne au batelier Rodolphe
Avait donné son amour et sa foi.

Restez, mesdemoiselles,
A vos serments fidèles,
Car Dieu punit toujours
Les parjures amours.

Puis à minuit, — c'était l'heure promise, —
Sur le rivage un bateau se montrait;
Alors Gaston, léger comme la brise,
Le cœur joyeux, vers sa belle accourait.
Jeanne à Gaston témoignait sa tendresse,
Lorsqu'une voix lui dit : « Femme, tu mens!
« Rodolphe aussi, quand tu fus sa maîtresse,
« Reçut de toi le plus saint des serments. »

Restez, mesdemoiselles,
A vos serments fidèles,
Car Dieu punit toujours
Les parjures amours.

Au même instant, et malgré la nuit sombre,
On vit passer un spectre sur les flots;
De son amant Jeanne reconnut l'ombre
Qui s'approchait en poussant des sanglots.
— Pour t'oublier, femme ingrate et perfide,
Au fond des mers, j'ai trouvé le trépas,
La mort revient et sa haine le guide,
Pour se venger il s'attache à tes pas.

> Restez, mesdemoiselles,
> A vos serments fidèles,
> Car Dieu punit toujours
> Les parjures amours.

L'ombre se tut... Gaston vers sa gondole
S'enfuit, laissant Jeanne à son triste sort.
Cet abandon, hélas ! la rendit folle,
Et les regrets amenèrent sa mort.
Rappelez-vous cette histoire touchante
Qu'en frémissant nous contaient nos aïeux ;
Enfants, l'amour, dont la flamme est constante,
Pour qui l'inspire est un bien précieux.

> Restez, mesdemoiselles,
> A vos serments fidèles,
> Car Dieu punit toujours
> Les parjures amours.

La Folle de Saint-Gildas a été éditée à Paris par M. Huré.

TABLE
DU TROISIÈME VOLUME

Un Gendre Inacceptable.................................... 5
L'Art de se faire dorloter................................ 61
Le Jour de la Saint-Michel................................ 111
L'Amant de ma Maîtresse................................... 141
Refusé au Salon... 187

CHANSONS

La Dernière Chanson d'un Marchand de papiers. 243
Souffle, Mistral !.. 247
Le Siècle... 250
Quand on en revient, que c'est bête !..................... 252
Marseille... 255
La Prière... 261
La Peureuse (souvenir d'Avignon).......................... 264
Le Rendez-vous de la Charité.............................. 267
Le Nid de l'Hirondelle.................................... 269
Les Marseillaises (1524).................................. 272
Le Caporal et la Cantinière............................... 275
Je t'aime bien, mais...................................... 278
La Provence... 281
Faisons toujours des Filles !............................. 285
L'Amour d'une Duchesse.................................... 289
Le Chant de Palama.. 292
Elle n'est plus !... 296
La Folle de Saint-Gildas.................................. 300

La mort n'a pas permis à l'auteur du *Théâtre Intime* de voir imprimer la dernière feuille de son œuvre et d'offrir ainsi lui-même à ses amis les trois volumes qui la composent et qu'il leur destinait uniquement.

Avait-il le pressentiment de sa fin prochaine, lorsqu'il leur disait avec son cordial sourire : « Ce sera pour vous, mes chers, un souvenir! » Peut-être bien; car, chez les natures d'élite, la pensée lucide a parfois d'étranges visions.

Atteint d'un mal subit, qu'une santé déjà affaiblie devait chez lui rendre mortel, Hippolyte Chanousse est décédé à Marseille, le 19 mars 1889, à l'âge de soixante-douze ans.

Il n'y a pas eu de discours sur sa tombe; mais autour d'elle, sortant de tous les cœurs et murmurés par toutes les bouches, ces simples mots :

« C'était un bon et honnête homme! »

Maurice BOUQUET.

www.ingramcontent.com/pod-product-compliance
Lightning Source LLC
Chambersburg PA
CBHW071604170426
43196CB00033B/1780

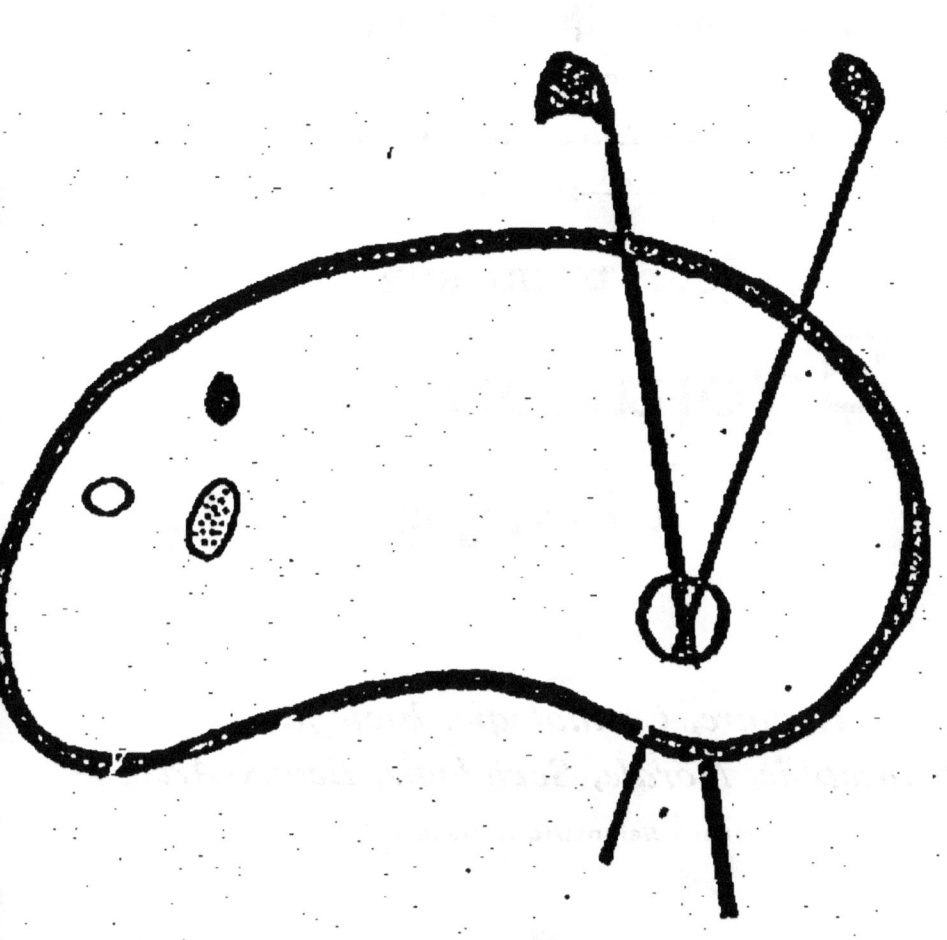

DEBUT D'UNE SERIE DE DOCUMENTS EN COULEUR

Aristide LECONTE

SOUVENIR D'UNE CONFÉRENCE
Donnée par M. AJAM, Député de la Sarthe
à CONDÉ-sur-NOIREAU

COUP D'ŒIL SUR

L'Évolution Universelle

*Histoire, Cosmologie, Biologie
Philosophie, Morale, Sociologie, Beaux-Arts.*

(Pensée Scientifique Moderne)

CAEN

Imprimerie Adeline, G. POISSON et Cⁱᵉ, Successeurs
16, Rue Froide, 16

1909

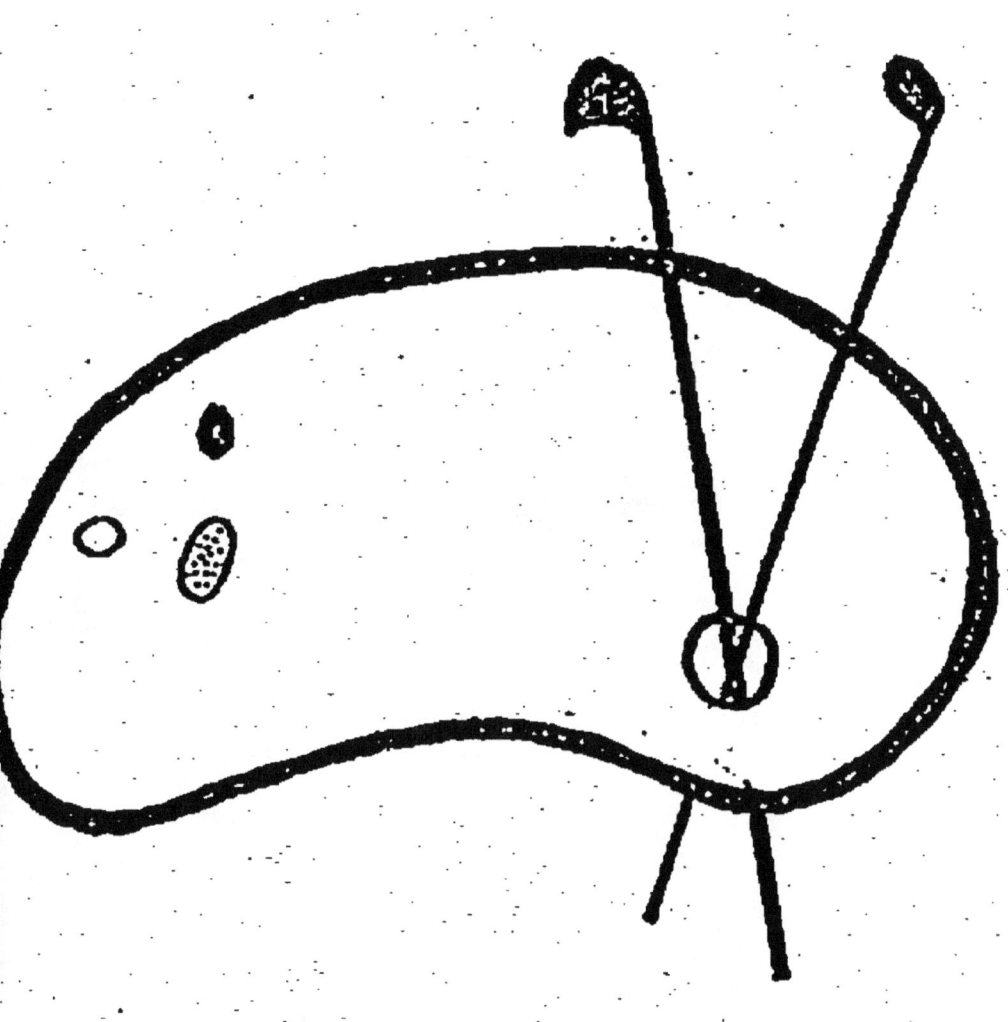

FIN D'UNE SERIE DE DOCUMENTS EN COULEUR

L'ÉVOLUTION UNIVERSELLE

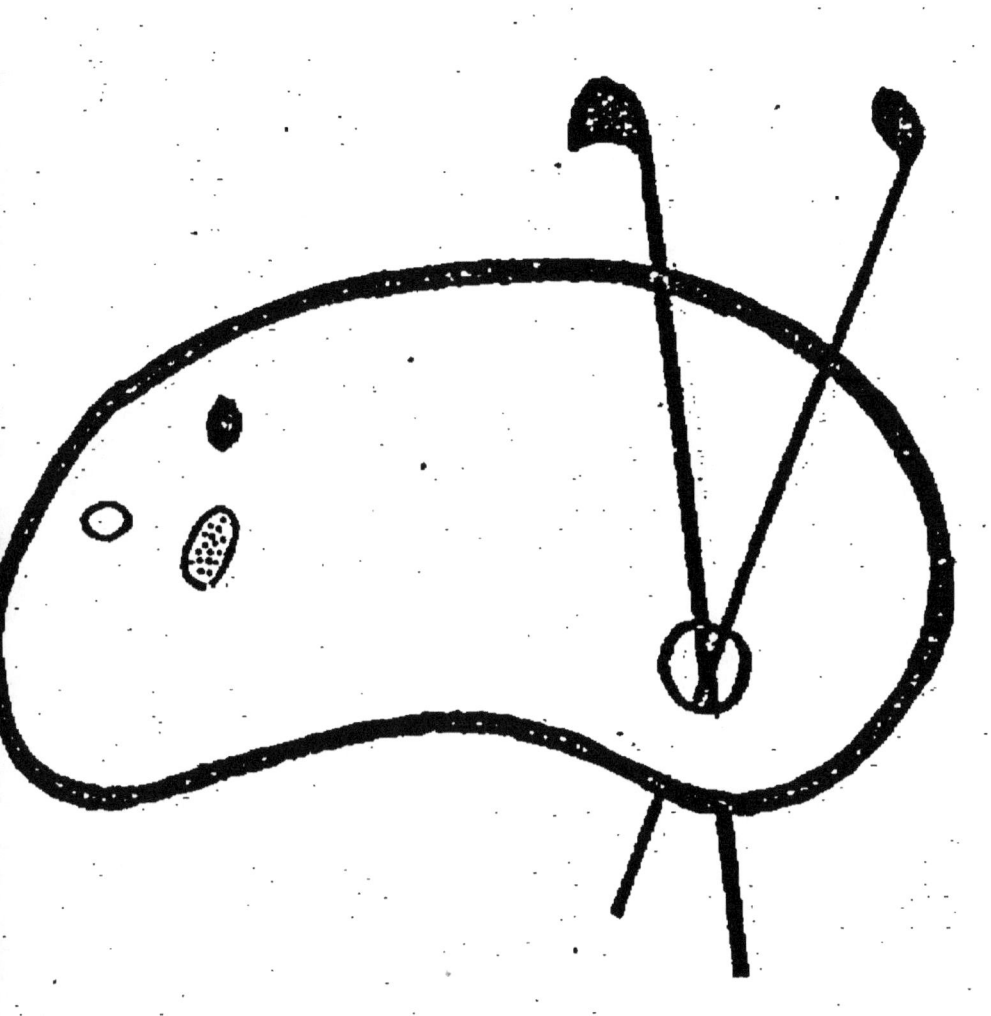

ORIGINAL EN COULEUR
NF Z 43-120-8

Aristide LECONTE

SOUVENIR D'UNE CONFÉRENCE
Donnée par M. AJAM, Député de la Sarthe
à CONDÉ-sur-NOIREAU

COUP D'ŒIL SUR

L'Évolution Universelle

*Histoire, Cosmologie, Biologie
Philosophie, Morale, Sociologie, Beaux-Arts*

(Pensée Scientifique Moderne)

CAEN

Imprimerie Adeline, G. POISSON et Cie, Successeurs
16, Rue Froide, 16

1909

AVANT-PROPOS

Nous avons donné pour titre à cet ouvrage : *Souvenir de la Conférence de M. Ajam*, et ce titre est très juste. Ceci est un souvenir, en effet, en même temps qu'un hommage ; un souvenir, *ne pereant fragmenta*, pour que ne périssent pas quelques fragments au moins de la parole entendue.

Cette conférence était, à nos yeux, une chose très importante. M. Ajam, le premier dans ce petit pays, vint apporter publiquement quelques mots de la vérité qui doit, à l'avenir, se substituer, dans la pensée des hommes, à l'erreur colossale sur laquelle on a vécu depuis bientôt deux mille ans. Il importait, à notre avis, qu'outre l'impression produite chez ceux qui l'ont écoutée, il en restât quelque chose de moins fugace, quelque chose d'assez durable pour que puissent s'y reporter, à défaut de mieux, les esprits qu'intéresse le mouvement évolutif auquel cette conférence avait pour but de contribuer, soit qu'ils y applaudissent, soit, au contraire, qu'ils y soient opposés.

C'est de souvenir aussi et sans notes que nous avons dû écrire ces pages. Nous l'avons fait au fur et à mesure de nos loisirs un peu rares et de nos dispositions d'esprit favorables. Malheureusement, notre mémoire a pu s'atténuer avec le temps, et, de ceci, la fidélité que nous aurions voulu garder au texte éloquent de l'éminent conférencier a dû souffrir. Nous lui en faisons nos excuses ainsi qu'à ses auditeurs, encore enthousiasmés de sa parole.

Ce n'est pas tout. M. Ajam, en entreprenant un plan très vaste, avait d'avance fait le sacrifice de bien des détails, de bien des périodes, de bien des transitions, afin d'atteindre son but dans le délai d'une heure et demie que ne peut guère dépasser une conférence publique sans courir le risque d'abuser de l'attention de l'auditoire. Nous, en suivant plus librement le cours de notre pensée, nous n'avons pas eu scrupule à combler, quoique d'une manière à coup sûr très insuffisante, un certain nombre de ces lacunes volontaires.

Nous avons ensuite reproduit en partie et commenté les appréciations de la presse locale sur la conférence de M. Ajam.

De plus, nous avons cru bon, pour préciser mieux l'évolution et l'idéal préconisés par le conférencier aussi bien que par l'élite intellectuelle de tous les pays civilisés, d'ajouter tout un chapitre à cet ouvrage ; et nous avons présenté un résumé succinct des éléments et des bases de cette pensée moderne qui doit succéder à la pensée légendaire trop longtemps et trop obstinément entretenue.

Nous avons essayé, dans cette partie supplémentaire, de résumer, de la façon la plus claire et la plus désintéressée qu'il nous ait été possible, les connaissances scientifiques sur l'univers, sur l'homme, sur la vie et sur la morale, telles qu'elles résultent des productions les mieux vérifiées et les plus justement accréditées des savants et des penseurs contemporains.

Mais on comprendra qu'il nous était impossible de donner à cette étude l'étendue qu'elle comporte : il y faudrait des volumes. Nous l'avons donc simplement pour ainsi dire *amorcée*, espérant que nos lecteurs voudront la continuer eux-mêmes en se reportant aux ouvrages des maîtres, nombreux aujourd'hui, et dont nous avons indiqué quelques-uns.

Quelles que soient notre affection, notre estime et notre admiration pour l'éminent conférencier, nous ne comprendrions pas, (et M. Ajam n'admettrait pas davantage), la servilité d'un accord constant et voulu sur tous les points. L'indépendance et la sincérité peuvent donc laisser apercevoir des divergences de détail. Mais il est une pensée et un but communs entre nous et que nous avons conscience de n'avoir pas trahis. Ce but et cette pensée de la conférence Ajam et du présent opuscule, c'est de contribuer, dans quelque mesure que ce soit, à l'évolution vers le bien et vers la vérité.

Ar. L.

Marchez ! l'humanité ne vit pas d'une idée.
Elle éteint chaque soir celle qui l'a guidée ;
Elle en allume une autre à l'éternel flambeau.
Comme ces morts couchés dans leur parure immonde,
Les générations emportent de ce monde
     Leurs vêtements dans le tombeau.

Là c'est leurs dieux, ici les mœurs de leurs ancêtres,
Le glaive des tyrans, l'amulette des prêtres.
Vieux débris, vils haillons de peuples et de lois !
Et, quand après mille ans, dans leurs caveaux on fouille,
On est surpris de voir la risible dépouille
     De ce qui fut l'homme autrefois.
             LAMARTINE (*Les Révolutions*).

Du ciel ne descend plus l'archange aux ailes d'or ;
Au soleil de nos jours disparait la chimère ;
Des rêves d'autrefois le merveilleux décor
Abandonne la place au spectacle sévère
Des faits vérifiés. Mais le laurier vivant,
Le poëme immortel pousse et verdit toujours :
C'est la nature entière à nos regards luisant.
Des évolutions, suivons, suivons le cours.

Un splendide univers se révèle à nos yeux.
Dans les réalités sachons trouver les cieux.
Science, vérité, justice sur la terre :
Du bonheur, désormais, tel est le caractère.
Puissant par le cerveau, maître des éléments,
Victorieux du mal et des jours incléments,
L'homme pourra léguer à sa postérité
Une ère de grandeur et de sérénité.
             Ar. L.

..... *N'allez pas penser que j'aie changé d'idées sur la démocratie. Tout le mal que l'on en dit me touche peu. Pour moi j'ai confiance. Elle n'étouffera pas les grandes individualités. Tous les Jérémies du passé ne me le feront jamais croire. L'humanité est un champ fertile qui produit sans cesse pourvu qu'on le remue. L'inaction est seule à craindre. Il y a eu des génies sous la royauté et sous les aristocraties. Il y en aura sous les démocraties. Les esprits cultivés de notre temps se défient de la démocratie parce qu'elle contrarie leurs habitudes. Nous vivons dans un monde égalitaire et nous avons reçu une instruction aristocratique. De là vient le mal...*

Eugène DUGUÉ.
(Lettre à Gaston Créhange, 18 septembre 1882. —
Lettres, page 36)

A LA MÉMOIRE D'EUGÈNE DUGUÉ

Ami, dont la pensée a libéré la mienne,
Que ton cher souvenir ici guide et soutienne
Des pages où ton cœur retrouverait parfois
Son inspiration et l'écho de ta voix.

L'arbre déraciné qu'emporte l'ouragan,
A laissé dans le sol un germe fécondant
Et bientôt apparaît mainte tige nouvelle,
Produit multiplié d'une sève éternelle.

Tu semas parmi nous, à pleines mains, l'idée;
De ton fertile esprit cette œuvre est animée,
Penseur plein de savoir, d'honneur et de bonté !

Tu rêvas le progrès, l'avenir de beauté;
Et dans nos entretiens, jusqu'à l'heure dernière,
Ton front jeta l'éclat d'un rayon de lumière.

AR. L.

La Conférence

DE

M. AJAM

Compte-rendu — Réflexions — Amplifications

M. Maurice Ajam fut reçu dans la grande salle de l'Hôtel de Ville de Condé, le dimanche 24 novembre 1907, devant un public d'environ cinq cents personnes, par M. Philippe Guillouet, premier adjoint au maire et président de l'Association de défense et d'action républicaines, entouré du Comité directeur de cette Association et de la majorité républicaine du Conseil municipal.

M. Philippe Guillouet ouvrit la séance par l'allocution suivante :

MESSIEURS,

L'Association de défense et d'action républicaines du canton de Condé-sur-Noireau est heureuse de souhaiter la bienvenue à M. Ajam.

Elle remercie sincèrement, cordialement, l'éminent député de la Sarthe d'avoir bravé la fatigue d'un pénible voyage, pour venir nous faire entendre la bonne parole républicaine.

Elle lui exprime sa reconnaissance du précieux concours qu'il veut bien nous apporter dans notre œuvre de propagande et dans la lutte souvent difficile que nous avons à soutenir pour assurer le succès de la cause de la démocratie et du progrès.

M. Ajam, membre du Conseil supérieur de l'Alliance républicaine démocratique, vient à Condé délégué par cette Association que préside un homme qui porte dignement un nom vénéré entre tous, M. Adolphe Carnot. C'est donc, Messieurs, un double et grand honneur qui nous est fait. Nous en sentons tout le prix.

Je donne la parole à M. Ajam. *(Applaudissements).*

Le conférencier se présente au public avec la plus parfaite aisance. Dès ses premiers mots on sent que la parole en public est son élément. Il s'exprime sans aucune affectation, le plus naturellement du monde et se rend de suite sympathique à son auditoire. Après les remerciements d'usage au président qui vient de l'accueillir, il entre en matière.

Ayant choisi ce sujet : *Qu'est-ce que la démocratie ?* M. Ajam éprouve le besoin compréhensible de nous entretenir de l'humanité tout entière. Et d'abord il remonte aux âges primitifs où notre espèce, encore toute animale, et toujours en proie à la faim, eut pour principal souci de se défendre contre ses puissants rivaux de la faune quaternaire : les ours énormes, les félins aux redoutables mâchoires, les troupes d'hyènes qui, jour et nuit, assiégeaient ses campements ou lui disputaient les espèces plus faibles, proies faciles dont tous se nourrissaient.

Que l'on songe aux scènes atroces que put alors éclairer la lumière de chaque jour. Combien de fois, à défaut d'autres proies, l'homme servit-il de pâture à l'homme ! Combien de fois les vaincus dans les combats entre peuplades, entre tribus, entre familles, servirent-ils à la nourriture des vainqueurs !

Puis, après un nombre de siècles qu'on ne saurait évaluer, il arriva que la cruauté des premiers hommes s'atténua ; le cœur des peuplades vivant en commun s'humanisa, à proprement parler. L'ennemi vaincu cessa d'être la proie, il ne fut que réduit en esclavage, entrant en compte dans la richesse du maitre avec le bétail. L'homme puissant eut des huttes, des bœufs et des captifs.

Puis naquirent et se développèrent les arts, les industries. Cela consista à se fabriquer des armes pour la défense et pour l'attaque et à se construire des abris et des édifices. Combien durèrent ces époques de développement depuis celle où l'homme, issu de races moins perfectionnées, commença d'occuper cette attitude verticale qui fait son orgueil, jusqu'aux premiers temps où il a laissé, pour l'histoire de sa race, des documents chronologiques certains ? Ce fut immensément long.

Nous connaissons nombre d'édifices au-dessous desquels, en creusant, on a trouvé des constructions romaines. Mais, en creusant davantage, on a trouvé d'autres fondations bien autrement anciennes. En Egypte et en Asie, des fouilles ont amené au jour des briques rouges et parfois des massifs recouverts d'énormes quantités d'alluvions durcies. En calculant le dépôt probable par siècle, on arrive à des vingt-cinq, des trente mille ans d'antiquité pour ces vestiges d'une civilisation déjà avancée.

Les études géologiques et paléontologiques montrent que c'est par millions d'années qu'il faut compter les âges de notre globe terrestre, et par centaines de mille ans la période qui s'est écoulée depuis que les primates, en se perfectionnant, ont engendré les diverses races d'hommes.

Les progrès de la linguistique, ajouterons-nous, l'étude des langues poussée de nos jours au plus haut degré, l'examen approfondi des idiomes les plus anciens où, le plus souvent, chaque mot est d'une seule syllabe, les mots peu nombreux, la phrase extrêmement simple ou incomplète, ont permis de voir que le langage fut aussi le produit de l'évolution à un certain degré des facultés humaines. Fait primitivement de gestes, de jeux de physionomie et de balbutiements, à peu près comme chez l'enfant et chez le sauvage, il se développa, différent selon les lieux et les climats, jusqu'au degré de richesse où nous le voyons, de même que le canot creusé dans un tronc d'arbre est devenu le magnifique vaisseau des nations modernes.

Une remarque encore a ici son intérêt : dans toutes les langues primitives, il est un mot méprisant qui sert partout à désigner les étrangers, le mot *barbares*, mot qui avec des accentuations différentes signifie toujours : gens qui balbutient ou qui ne savent pas parler.

Beaucoup plus tard que l'apparition du langage, l'écriture débuta par des traits et de vagues dessins imitatifs ou symboliques tracés sur le bois ou sur la pierre et chercha sa voie à travers bien des complications jusqu'au jour où des Phéniciens inventèrent, pour les besoins de leur commerce, vingt-deux caractères ou lettres qui constituèrent le premier alphabet.

Pendant de longs siècles, l'écriture constitua un art extrêmement difficile, elle fut le privilège d'un très petit nombre, et la chose écrite posséda aux yeux des peuples un prestige dont nous n'avons plus l'idée.

Les siècles et les siècles passent et il est une chose qui demeure, c'est l'asservissement des plus faibles aux plus forts.

A Rome, dans une civilisation déjà brillante, l'esclavage abaisse et enchaîne un grand nombre d'hommes. Ce n'est plus seulement la guerre et la défaite qui le déterminent : le besoin que le pauvre a du riche et que le riche a du pauvre fit des serviteurs. Et dans cette sorte de régime, serviteur ou esclave c'est tout un. L'esclave devient partie intégrante de la famille romaine et, sur lui, le maître a droit de vie et de mort. Les esclaves ne doivent pas seulement servir, au sens domestique du mot, souvent on les oblige à s'instruire : ils deviennent artisans, médecins, etc. D'autres classes inférieures par degrés existent au-dessous des nobles ou patriciens, celle des esclaves affranchis, et celle des clients qui venaient chaque jour chercher leur nourriture chez le patricien, comme des mendiants. Et cet état de choses marque une époque relativement heureuse : on l'appelle dans l'histoire, l'époque de *la paix romaine*.

Une autre époque, un peu antérieure à celle-là, aurait pu à bon droit retenir l'attention si le conférencier n'avait dû se borner. Cette époque, c'est celle de *l'Hellénisme*, ou de la civilisation grecque à son apogée, l'Hellénisme, chose merveilleuse, *unique* par l'idéal de perfection dans la littérature, dans l'art, dans la philosophie, que la Grèce d'alors avait réalisé et auquel contribua la démocratie.

Mais l'orateur en a dit assez pour faire apercevoir à ses auditeurs ce qu'il voulait, à savoir : que l'humanité depuis les temps les plus anciens n'a cessé d'évoluer et, malgré tant de contre marches et de contre temps, d'évoluer vers un mieux être évident. Le temps de l'esclavage fut un temps affreux pour un grand nombre d'hommes, et il fut cependant un temps amélioré par rapport à celui de la bestialité et de l'anthropophagie.

Le temps de l'Empire romain ne saurait être notre idéal; il présente à nos regards le tableau des duretés inhumaines inhérentes à la maîtrise absolue, privilège des riches et des puissants. Et cependant, la période deux fois séculaire de la paix romaine est considérée comme un temps heureux et prospère, comparée au passé.

Le résultat de l'évolution lente offre, dès cette époque, une différence énorme avec les états successifs des âges primitifs.

Maintenant, dès l'Empire romain, l'évolution se prépare à prendre une tournure singulière.

**

Depuis que le cerveau de l'homme s'était distingué de celui de l'animal, par un développement suffisant pour concevoir au moins les choses simples, l'homme s'était montré enclin à chercher l'explication de la nature, de l'univers et de lui-même. Dans son impuissance à comprendre et à trouver la cause des réalités complexes, il la cherchait, cette cause, il la présumait en dehors du connu, en dehors de la nature, dans un surnaturel où la créait son imagination encore en enfance.

Il se forma ainsi chez l'homme un sentiment qui, pendant des milliers d'années, s'égara en mille directions. Et c'est de ce sentiment, de ces imaginations enfantines, que naquirent les croyances, la poésie de l'âme, les religions.

Les croyances et les religions prirent dans la vie des hommes une grande place et eurent, dans la direction des peuplades et dans le gouvernement des peuples, une importance extrême.

Des êtres surnaturels et des divinités sans nombre furent inventés.

Il arriva qu'un petit peuple de l'Asie, appelé les Hébreux, issu de Bedouins pasteurs et pillards qui avaient trouvé dans la Palestine un pays fertile et de séjour agréable, synthétisa toute la divinité en un seul dieu qu'il appela Iaveh ou Jéhovah, nom auquel s'ajoutaient, selon les lieux, divers vocables.

Le pays des Hébreux servit longtemps aux rois voisins

à la fois de champ de bataille et d'enjeu. Mais Israël, nom que prend le peuple hébreu, espère en Javeh, qui est la justice et la bonté, qui a pour lui une prédilection certaine et qui lui donnera la paix et la victoire finale. Et c'est cette idée de Javeh, justice, miséricorde et bonté souveraines, qui, sous le vocable : Dieu, sera transmise à la religion chrétienne fille de la religion juive.

Or, au temps où l'empire romain a étendu partout ses conquêtes, dans ce petit pays de Palestine devenu, lui aussi, province romaine, un jeune juif aimable et séduisant, paraît-il, Jésus, de Nazareth, prêcha selon une coutume depuis longtemps usitée, mais en termes plus ingénieux et plus doux que ceux qu'on avait entendus jusqu'alors. Il préconisa l'amour mutuel, le désintéressement, le mépris des richesses, la justice et l'abnégation. Il annonça, de façon assez vague, du reste, sous le nom d'avènement du royaume de Dieu, la venue d'un temps meilleur où ses doctrines, toutes de bonté, seraient universellement appliquées.

Sa prédication parut subversive aux riches, aux prêtres et aux dévots d'alors. On fit ce qu'il fallut pour le perdre : il fut jugé pour la forme et mis à mort.

Il fut ignoré en dehors du pays très restreint qu'il parcourut, et les historiens de son temps n'ont pas parlé de lui.

Voici, adapté de M. Ed. Dujardin, l'un des hébraïsants les plus notables de notre époque, d'après son bel ouvrage : *Les sources du Fleuve chrétien*, ce que l'on connaît de plus certain sur Jésus :

Au premier abord, l'existence de Jésus pourrait sembler douteuse. L'historien juif Flavius Josèphe, qui écrivit cinquante ans après la date de sa mort, est muet sur son compte ; ou plutôt, ne le mentionne qu'en un court passage, unanimement reconnu interpolé (introduit ou substitué par un copiste).

Le grand juif d'Alexandrie, Philon, qui naquit vingt ans avant Jésus et mourut vingt ans après lui et qui fut l'homme le plus éclairé de son temps en Orient, l'ignora. Le Talmud n'a pas un seul trait authentique sur lui. Aucun historien latin ou grec du premier siècle ne le connut. Enfin, aucun texte officiel de son temps ne signale son existence.

Quant aux Évangiles, ce sont des écrits dogmatiques et non des œuvres historiques. Les premiers n'ont paru que dans la fin du premier siècle, c'est-à-dire plus de quarante ans après la mort de Jésus.

Il se peut que le silence de Josèphe soit le résultat de la suppression, par des mains chrétiennes, de lignes analogues à celles consacrées aux autres agitateurs de la même époque (Jean le Baptiste, Theudas, etc.), lignes tenues, conséquemment, pour blasphématoires et qu'aurait remplacées le passage interpolé. On admettrait difficilement aussi que les légendes évangélistes, quelques dogmatiques et quelques tardives qu'elles soient, n'aient pas un point de départ historique. Enfin, si les textes grecs et latins ignorent Jésus, cela s'explique si sa carrière a été aussi humble que celle des autres agitateurs d'alors, lesquels, du reste, invariablement, finissaient sous le glaive comme Jean, ou sur la croix comme Jésus.

Le témoignage de Paul paraît, à l'analyse, irrécusable. Il établit avec certitude l'existence de Jésus, mais il se résume à des indications minimes.

De l'ensemble des sources on ne peut obtenir d'autres renseignements que ceux-ci : Jésus, né à Nazareth, joua le rôle de prophète dans les mêmes conditions que d'autres qui, comme lui, avaient des disciples. Flavius Josèphe parle constamment des disciples d'un tel et d'un tel. Les livres juifs ne nomment personne sans indiquer quel avait été son maître.

Jésus fit une entrée sensationnelle à Jérusalem, au moment de la Pâque avec la bande qui l'accompagnait et envahit le temple, ce qui le fit arrêter. Il fut de ce chef condamné au supplice de la croix par l'autorité romaine, (et non par les Juifs), sous la procurature de Pontius Pilatus.

Quelque temps après, Jésus passa, parmi quelques disciples qu'il laissait, pour avoir été vu ressuscité.

Dix ou quinze ans après, l'homme puissant, l'ardent génie qu'était Paul (Shaoul ou Saul, dit Paul), propageait sous l'autorité de la doctrine de Jésus, le formidable mouvement d'idées qui grouillait au fond de lui-même. Sans lui la secte chrétienne se fût obscurément éteinte, comme tant d'autres, sur la terre d'Asie.

Voici maintenant quelques lignes capitales extraites des principales conclusions auxquelles aboutit celui qu'on a justement appelé le plus grand exégète des temps modernes, M. l'abbé Alfred Loisy, dans son puissant ouvrage : *Les Évangiles synoptiques* :

Jésus naquit à Nazareth. Son père Joseph et sa mère Marie eurent en plus quatre fils, Jacques, José, Simon, Jude, et au moins deux filles dont les noms n'ont pas été conservés (*Évangiles synoptiques*, I, p. 725). Le Christ était-il l'aîné de cette nombreuse famille ? C'est un problème que l'exégète laisse de côté, sans doute parce qu'il est insoluble.

Joseph était ouvrier en bois, charpentier, menuisier, charron, et Jésus exerça d'abord le métier paternel.

Ce fut probablement Jean-Baptiste qui, sans le vouloir, éveilla la vocation de Jésus. La crise que traversait la Judée avait suscité un prophète. Jean prêchait le repentir et donnait le baptême pour la rémission des péchés, en vue du grand jugement qui allait s'accomplir et du règne de Dieu qui allait venir. Jésus se fit baptiser par Jean, et quand le prophète eut été emprisonné, il résolut de prendre sa place, à un titre d'autant meilleur qu'il se sentait prédestiné lui-même au rôle d'agent principal dans le royaume, à la fonction de Messie. Son succès parut d'abord considérable dans la région de Capharnaüm, à tel point que Jésus bientôt crut opportun de s'adjoindre des auxiliaires pour son œuvre de prédication. Toute sa famille resta en dehors du mouvement et refusa de croire, de son vivant, à sa mission. Parmi ceux qui s'attachèrent plus particulièrement à lui, il choisit douze hommes qu'il jugeait capables de le seconder. Sa prédication ne dura que peu de temps : un an tout au plus, une saison peut-être.

. . . .
. . . .

La carrière et l'enseignement de Jésus ont été le grain de

sénevé qui devient un arbre, la parcelle de levain qui fait fermenter toute une masse de pâte.

Rien de plus insignifiant en apparence : un ouvrier de village, naïf et enthousiaste, qui croit à la prochaine fin du monde, à l'instauration d'un règne de justice, à l'avènement de Dieu sur la terre, et qui, fort de cette première illusion, s'attribue le rôle principal dans l'organisation de l'irréalisable cité ; qui se met à prophétiser, invitant ses compatriotes à se repentir de leurs péchés, afin de se concilier le grand Juge dont la venue est imminente et sera subite comme celle d'un voleur ; qui recrute un petit nombre d'adhérents illettrés, (n'en pouvant guère trouver d'autres), et provoque une agitation, d'ailleurs peu profonde, dans les milieux populaires ; qui devait être arrêté promptement, et qui le fut par les pouvoirs constitués ; qui ne pouvait échapper à une mort violente, et qui la rencontra.

Le souvenir et la doctrine de Jésus laissèrent des traces dans la mémoire de ses concitoyens. Quelques trente ans après sa mort, quelques années après la destruction de Jérusalem par Titus, un ou plusieurs survivants sachant écrire tracèrent sur des papyrus un certain nombre de ses propos, de ses maximes, de ses récits et des traits de sa vie et de sa fin. Ce fut la source des écrits grecs, plus ou moins modifiés, qui sont connus sous le nom d'évangiles.

Déjà, peu d'années après la disparition de Jésus, un contemporain qui ne l'avait pas connu mais s'était rallié tardivement à l'esprit de sa prédication, Paul, de Tharse, tisserand et tapissier de son état, puis citoyen romain, et juif hellénisé tout à la fois, esprit génial, tempérament susceptible d'une prodigieuse activité et d'un courage à toute épreuve, voyagea en exploitant son industrie et propagea autour de la Méditerranée jusqu'à Rome, les idées nouvelles qu'il interprétait et développait selon son propre jugement de sage et de philanthrope.

Décimés par des guerres malheureuses, les juifs se répandirent par divers pays et fondèrent des colonies notamment en Grèce et en Italie. Gardant partout l'esprit très religieux de leur nation, ils pratiquaient les rites assez simples de Jérusalem et invoquaient en les commentant les maximes de justice et d'amour de Jésus et des autres propagandistes qui l'avaient précédé.

Jésus, ils l'appelaient *Christ*, traduction grecque du mot hébreu *Messie*, ce qui leur valut, à Rome, le surnom de *christiani*, d'où : chrétiens. Ils furent très peu sympathiques à la population romaine. Tous les auteurs latins parlent d'eux en termes défavorables.

Pendant plus de deux cents ans, la religion des juifs chrétiens vécut et se propagea en occident, notamment en Grèce, en Italie et dans les pays environnants, d'une façon presque obscure et, pour ainsi dire souterraine, résistant, souvent avec héroïsme, à l'opposition politique et aux persécutions dont elle était l'objet.

Des communautés ou églises s'établirent nombreuses. Elles élisaient (1) des chefs, *presbyteroi* ou prêtres, *épiscopoi* ou évêques, désignés pour l'administration, le culte, la prédication et la propagande.

Au IVe siècle, l'empereur romain Constantin, aux prises avec des compétiteurs qui lui disputaient le trône, estima qu'il y avait un bon parti à tirer de la religion nouvelle pour ses intérêts dynastiques et s'aboucha avec les dignitaires de l'Église chrétienne. Ce fut l'admission directe et définitive de l'Église dans la politique qu'elle ne devait plus quitter jusqu'à nos jours.

Ce fait est l'évènement capital de l'histoire de l'Église : il devait avoir sur la marche de l'humanité en Occident des conséquences énormes.

M. Ajam a dit ici qu'à un moment donné l'Église catholique avait représenté un progrès dans l'évolution de

---

(1) Souvent à la majorité des voix, quelquefois par un tirage au sort.

l'humanité. Cette assertion souleva dans la salle, au lieu des applaudissements presque unanimes qui s'étaient plusieurs fois produits, ceux d'un auditeur isolé. Sans vouloir affliger cet ami de l'Eglise et moins encore l'orateur qui l'a satisfait au moins à cet instant, je désire présenter, à ce sujet, certaines réflexions.

**

Si M. Ajam a voulu dire que l'essence des maximes évangéliques pouvait favoriser l'adoucissement des mœurs à une époque où la prépondérance de l'élément militaire leur avait imprimé jusqu'à l'outrance son empreinte brutale et sanglante, c'est toute la concession que nous pouvons lui faire, encore ne va-t-elle pas sans réserves.

Le christianisme apportait deux choses dans le monde : une religion et une morale.

Il prétendit substituer son autorité à l'influence de la culture gréco-romaine, et il y réussit.

Ce ne sont pas seulement les religions antiques qui furent détrônées par la religion chrétienne, c'est aussi (et là est le malheur, là est le grief énorme), la philosophie rationnelle qui se propageait de plus en plus, qui fut abolie pour des siècles; ce sont les notions déjà approfondies du droit, c'est tout le progrès de l'esprit humain réalisé par une élite sociale admirable, et dont le monde aurait dû normalement profiter, qui furent écartés pour laisser toute la place au Dieu jaloux des juifs et des chrétiens.

Le monothéisme remplaçant le polythéisme : l'Eglise voit là son principal titre de gloire. Vraiment il n'y a pas de quoi, car ce Dieu, personnel comme les autres dieux, a été, comme eux aussi, envisagé semblable aux hommes et affublé des qualités humaines : goût de l'arbitraire, colère, amour de la vengeance, etc. Il n'y a pas de quoi, puisque ce Dieu unique, non seulement on l'a divisé en trois personnes, mais encore on l'a environné d'une quantité de saints, véritables successeurs des dieux païens de second ordre, comme eux munis chacun d'une spécialité et d'une part de pouvoir qui n'est pas négligeable (1).

Le grand exploit de l'Église, celui dont elle a vécu et vit encore, c'est sa victoire violente et trop longtemps assurée par la force, sur la philosophie néoplatonicienne, au moment où celle-ci, florissante, pouvait tant contribuer au développement régulier de l'esprit humain et à la prospérité sociale.

Voilà donc que l'Église, union des églises éparses, s'installe et se développe prodigieusement. Elle professe une intolérance religieuse qui contraste avec la tolérance hellénique et celle dont les romains avaient fait preuve au cours de leurs conquêtes. Elle a, nous l'avons dit, gagné à sa cause Constantin.

Depuis Auguste, l'empereur romain était chef de la religion en même temps que souverain politique : il avait le titre de Grand Pontife. L'Église fortifie en lui, mais alors à son profit à elle, la conception des droits et des devoirs illimités du souverain en matière religieuse. Dans ce grand bouleversement, l'empereur, devenu chrétien, agit en despote oriental. Plus il était pieux, plus il devait être intolérant, en vertu de ce principe que la divinité ne lui a pas confié seulement les corps mais aussi les âmes. L'Église, qui n'a pas oublié ses luttes et ses épreuves, décide qu'il faut écraser les hérétiques. Or, sont réputées hérésies les moindres tentatives de philosophie, de science, de critique ou d'étude rationnelle.

A l'esprit purement évangélique des premiers temps se substitua le dogme impératif. Ainsi s'éleva l'ortho-

---

(1) Cf. Les Saints successeurs des dieux par P. SAINTYVES, lib. Nourry.

doxie agressive et absorbante de l'Église et de l'État, ou plutôt de la religion d'État, ambitionnant la domination universelle.

Le développement du goût pour les cérémonies liturgiques qui repousse le dogme lui-même au second plan et s'inspire des rites grecs transférés dans le christianisme, achève, en un sens, le caractère de cette évolution et, de plus en plus, incite le croyant à une véritable idolâtrie (1).

Voilà pour la religion.

Quelques mots maintenant sur la morale.

La morale chrétienne peut se qualifier d'un mot : c'est la doctrine du renoncement intéressé.

La morale naturelle (développée par la philosophie), s'inspire du besoin qu'ont les hommes de se rendre mutuellement heureux pour vivre en société. Le principe de la maxime : « Agis pour les autres comme tu veux qu'on agisse pour toi », est antérieur à Confucius, aux sages de la Grèce et aux prophètes d'Israël qui, tous, l'ont formulé ; il est antérieur à l'écriture, antérieur au langage, il est adéquat au besoin de vivre en famille ou en groupe. Tous les peuples de la terre l'ont, en des termes divers, exprimé dans leur morale, leurs règles de conduite ou leurs lois.

Le christianisme a érigé la morale en préceptes impératifs soi-disant d'origine divine. Il a enseigné l'obéissance aux ordres de Dieu, jamais le bien pour le bien. Il s'est adressé à notre égoïsme en en déplaçant le but. Simplement plagiaire en cela de la plupart des religions païen-

---

(1) Un religieux, Dom Cabrol, abbé de Saint-Michel de Farnborough, dans un livre récent, a écrit : « Nous nous trouvons en face d'une objection : le culte catholique ne vient pas de Jésus ; Jésus n'avait pas de liturgie, il était ennemi des formules vides, des pratiques extérieures. Il voulait un culte intime, celui du cœur..... Il veut une religion sans prêtres et sans autels, et il n'admet d'autre temple que l'âme. » *Histoire de la Liturgie, conférences à l'Institut catholique de Paris.*

nes depuis l'Egypte primitive, il a persuadé aux hommes que tout ne se décidait pas dès cette vie et qu'il existait au-delà un lieu de récompense et un lieu de vengeance et d'expiation. Et il a fondé sa morale sur cette promesse fallacieuse et sur cette menace.

Le christianisme impose au fidèle l'amour de Dieu. Pour Dieu, la religion demande tout au pur croyant et n'hésite pas à l'affranchir des règles communes. L'idéal de perfection du chrétien, c'est la vie en extase et en prière, le renoncement à la famille, aux devoirs naturels et sociaux, la vie monastique et ascétique. Que devient, dans cet état réputé le plus parfait, le croyant que l'ardeur et la logique de sa foi y ont conduit? Sous l'empire de cette idée fixe, être voué à Dieu, il perd toute conscience des obligations de la vie, ses facultés s'effacent. On lui a dit qu'avant de naître il était déjà impur. Pour se le faire pardonner par son Dieu irrité, il sacrifie talents, intelligence, moyens de contribuer à la grande œuvre humaine, il lutte contre lui-même, contre sa nature, tue en lui jusqu'au désir et cesse, pour ainsi dire, d'exister.

Il est évident que tous les chrétiens ne tombent pas en extase, heureusement. Mais ils s'en tiennent sur le chemin. Tous professent que leur premier devoir est d'aimer Dieu et se déclarent prêts à tout lui sacrifier. Or, dans cet amour en apparence désintéressé, fleurit précisément, avec l'espoir calculé des béatitudes célestes, cet égoïsme que nous avons indiqué.

L'Église qui, comme le remarque le philosophe Nietzche, « a su jouer du sentiment de culpabilité en artiste consommée » (1), hypnotise prêtres et fidèles par la crainte,

---

(1) Décréter des péchés et des fautes réels, insignifiants ou imaginaires, amener l'enfant, la femme, l'homme à s'en accuser aux pieds de l'agent de l'Église : quelle force et quel moyen dans l'œuvre de l'asservissement de l'esprit !

la prière et les pratiques, et c'est son meilleur moyen d'écarter la concurrence des idées opposées aux siennes.

Enfin, par un prodige de sa charité, elle condamne toute la partie de l'humanité qui, dans le passé, le présent et l'avenir n'est pas avec elle et pour elle.

Je ne méconnais pas certaines manifestations exceptionnelles des grands sentiments humains : le côté compatissant de l'âme d'un François de Sales, la passion philanthropique d'un Vincent de Paul. Mais l'esprit de dévouement est chose humaine, et l'on en trouverait de beaux exemples dans tous les temps et dans tous les pays. De plus ce qu'il importe ici, c'est :

1º De considérer l'aboutissement logique, et généralement effectif, de la mentalité catholique et les conséquences communes, au point de vue humain, du renoncement imposé en vue du ciel ;

2º De comparer par la pensée ce qu'a été le monde, sous l'empire de cette mentalité, avec ce qu'il aurait dû être si l'autorité chrétienne n'avait interrompu et détruit, pour prendre sa place, le cours de l'influence directrice de l'élite gréco-romaine.

« Au milieu même de la splendeur gréco-romaine, dit le philosophe que nous avons nommé plus haut, en face du monde des lettres antiques qui existait encore dans son entier sans tares et sans lacunes, à une époque où l'on pouvait encore lire quelques livres pour la possession desquels on donnerait aujourd'hui des littératures entières, la naïveté vaniteuse de quelques agitateurs chrétiens — on les appelle les pères de l'Église — osa décréter : « Nous aussi, nous avons notre littérature classique, *nous n'avons pas besoin de celle des grecs!* » Et, sur ce, on montrait fièrement des livres de légendes, des épîtres apostoliques, de petits traités apologétiques, à peu près comme aujourd'hui, à l'aide d'une littérature analogue, l' « armée du salut » anglaise combat le bon combat contre Shakespeare et d'autres « païens ».

« Je n'aime pas le « nouveau Testament », dit encore Nietzsche (1) dans un passage que je crois devoir citer ici. Cela m'inquiète presque d'être ainsi seul de mon avis sur ce livre si estimé et si surfait, (le goût de près de 2.000 ans *s'élève* contre moi) : mais qu'y faire ! « Me voici, je ne puis être autrement » (2) — j'ai le courage de ma mauvaise conscience. L'ancien testament, c'est une autre affaire. Chez lui je trouve de grands hommes, un décor héroïque et, chose rare, l'inestimable naïveté du *cœur fort* ; bien plus, j'y trouve un peuple. Dans le nouveau, par contre, règne le remue-ménage de toutes sortes de petites sectes, le rococo de l'âme, quelque chose de contourné, d'anguleux et de bizarre, l'atmosphère des conventicules, sans omettre parfois un souffle de douceur bucolique qui sent trop son époque (*et sa province* romaine), et qui du reste est plutôt hellénique que judaïque. L'humilité et l'air important s'y donnent la main ; il y a là une loquacité de sentiments qui assourdit presque ; de l'emballement, pas de passion ; une mimique pitoyable ; il est évident que toute éducation solide faisait défaut. Comment pouvaient-ils tant faire état de leurs petites imperfections, ces pieux bonshommes ! Il n'y avait pas de quoi intéresser Dieu ni personne. Pour finir, ils veulent avoir « la couronne de la vie éternelle », ces petites gens de province. Pourquoi donc ? C'est de l'impudence. Un Pierre « immortel » : qui supposerait cela ? Ils ont un orgueil qui prête à rire. Ils ne cessent de rabâcher leurs affaires personnelles, leurs sottises, leurs tristesses, leurs soucis mesquins, comme si l'essence des choses était tenue de s'en préoccuper, ils ne sont jamais las de mêler Dieu aux petits chagrins où ils s'embourbent... »

Ce côté vulgaire et mesquin du Nouveau Testament que remarque avec une si pénétrante justesse l'esprit profond de Nietzche, c'est précisément ce dont l'Église a très habilement tiré parti. Elle a exploité auprès du peuple ces puériles fictions qui lui ont permis, (et c'est là le propre de son génie), de verser dans les âmes souffrantes et déprimées des trésors ingénieux et faciles de consolation

---

(1) Généalogie de la Morale.
(2) Parole de Luther à la diète de Worms.

et d'espérance. Magnifique, immense résultat, dira-t-on. Oui, auquel il ne manque que d'être fondé sur la vérité.

En réalité, l'Église est la grande ouvrière, la conservatrice intraitable de l'obscurantisme. Selon le mot de Pascal : elle a abêti le monde.

Plus on étudie l'antiquité, plus on admire le degré d'intelligence, de civilisation vraie où était parvenue l'élite ; plus on déplore que tout cela ait sombré dans l'avènement de l'Église ; moins on estime la pauvreté des doctrines arbitraires, exclusives et intolérantes que celle-ci a mises à la place ; moins on aperçoit, enfin, que son triomphe et sa puissance aient jamais constitué un avantage pour l'humanité.

Revenons vite, maintenant, à la conférence de M. Ajam.

**

L'enseignement de l'Église est renfermé, a très bien dit M. Ajam, dans un petit livre conçu selon l'esprit et les préceptes de saint Augustin, c'est-à-dire du sixième siècle, et qui s'appelle le catéchisme. A peine modifié après plus de treize cents ans, il est toujours en usage et, tant que l'Église a détenu une parcelle de pouvoir, elle a tout fait pour l'imposer.

L'homme a toujours éprouvé la préoccupation de connaître son origine et l'explication de l'univers où il vit. Le christianisme, le catholicisme surtout, étant une religion absolue, a prétendu posséder toute science.

Adoptant d'antiques légendes babyloniennes que le judaïsme avait faites siennes, il a donné comme à lui révélés par Dieu, des récits populaires antiques de la création du monde et de l'homme et en a dicté la croyance *obligatoire* aux générations. Formant une grande philosophie théologique et cosmologique où entrent toutes les matières, l'Église a prétendu donner à toutes les questions des réponses définitives et sacrées. Le petit livre qui s'appelle le catéchisme en renferme l'abrégé, avec celui de la série des dogmes et de la morale qui leur est subordonnée.

Malheureusement pour l'Église, les découvertes scientifiques sont venues déranger ses prétentions. Ce fut d'abord l'astronomie. Selon la révélation et selon les peuples anciens, la Terre occupait le centre du monde ; elle était plate et ovale comme une table et de tous côtés environnée par l'océan. Elle est immuable dans l'espace. Autour tournent le soleil, les étoiles spécialement créés pour lui procurer de la lumière. Par dessus est le ciel proprement dit, où Dieu resplendit dans sa gloire. La distance de la terre au ciel est assez facilement franchissable et des rapports fréquents existent de l'un à l'autre. Dieu descend de temps en temps sur la terre pour donner ses lois : au premier homme, aux patriarches, à ses mandataires Moïse et les prophètes. En sens contraire, sont montés au ciel : les prophètes, Jésus fils de Dieu, la Vierge Marie et y montent constamment les âmes de ceux qui ont su plaire à Dieu pendant leur vie terrestre. Au dessous de nous, dans le sous-sol de la terre se trouve le séjour infernal où vont brûler, « d'un feu qui ne s'éteindra jamais », les réprouvés.

Cependant, plusieurs siècles avant Jésus-Christ, en Egypte, en Grèce au temps de Périclès, en Ionie, des hommes de grande intelligence, se livrant à l'observation des astres, avaient présumé ou entrevu la véritable situation respective de la terre, du soleil et de la lune. Mais leur opinion, consignée dans leurs écrits, ne pénétra pas les populations. Pythagore, notamment, six siècles avant notre ère, peut avoir compris le véritable système du monde. Philolaüs, après lui, et en partant comme lui de prémisses géométriques, avait admis le mouvement de rotation de la terre sur elle-même, produisant l'alternance du jour et de la nuit et un autre mouvement de la terre, de la lune, des planètes et du soleil lui-même. Aristarque, qui paraît avoir vécu 250 ans avant notre ère, fut chez les Grecs le véritable initiateur du système du monde solaire tel qu'on devait le vérifier plus tard. Enfin dans le premier siècle de notre ère, Plutarque mentionne la doctrine d'Aristarque, mais seulement pour indiquer sa préférence pour celle de Platon qui, elle, fut erronée et néfaste au point de vue scientifique.

A partir du moment où l'Église étend sa domination sur l'Occident, pendant plus de mille ans, le monde christianisé retombe au niveau de l'Égypte thébaine et des Hindous brahmanistes ; ce fut là la nuit, l'oubli de tout ce que l'antiquité avait si péniblement appris. Toute la science allait être à recommencer.

Au commencement du XVIe siècle, à l'époque des premiers développements de l'imprimerie, le professeur polonais Copernic vint en Italie. Des imprimeurs florentins, les Aldes, ayant eu l'idée d'éditer d'après un manuscrit ancien, l'œuvre de Philolaüs, le savant polonais put l'étudier et il en fut frappé. Il la soumit au calcul, la développa et en déduisit le système qui porte son nom et qui paraît avoir été achevé vers 1527. Mais la crainte d'encourir les censures de l'Église et de s'exposer aux rigueurs de l'inquisition lui en fit ajourner la publication. Il ne la commença que rentré dans son pays et c'est seulement le jour de sa mort qu'il reçut le premier exemplaire imprimé de son ouvrage.

Les craintes de Copernic n'étaient pas vaines.

La première édition de son livre, bien que dédiée au

pape Paul V, n'en fut pas moins mise à l'index et détruite par la main du bourreau.

Il en parut d'autres éditions plus tard à Bâle et à Amsterdam. Il n'y aurait pas eu alors de pays protestants en Europe que nous n'aurions peut-être pas l'œuvre de Copernic.

Un des disciples les plus éminents de Copernic, Giordano Bruno, déduisit une remarquable doctrine philosophique des travaux de son maître et vint la soutenir en Sorbonne à Paris. Inquiété par les clercs et chats-fourrés de la scolastique, il eut la fâcheuse idée de retourner en Italie où il fut emprisonné et brûlé.

Vint ensuite Galilée qui vérifia au miroir de son télescope ce que Copernic avait déduit du calcul et marcha de découverte en découverte. On sait le sort que lui fit le Saint-Office. Emprisonné, il fut condamné à l'humiliante rétractation à genoux de ce qu'il avait reconnu être la vérité scientifique.

Ainsi, par toutes les violences possibles, l'Église voulait sauver l'erreur nécessaire à son dogme. Ses errements n'ont jamais changé. Aujourd'hui encore, bien que ne disposant plus du pouvoir temporel qui, entre ses mains, fut si funeste au monde, elle s'efforce toujours d'arrêter l'essor de la pensée et elle interdit à ses clercs et fidèles la lecture de tout ouvrage qui se permet l'examen de ses vieilles croyances.

A cette époque, aucun père de l'Église ne pouvait admettre qu'un Dieu, le Dieu des chrétiens et des juifs, supposé le créateur du monde, eût pu venir s'incarner sous une forme humaine dans une petite planète circulant de guingois autour du soleil au même rang que cinq ou six autres, tandis que le soleil lui-même n'était qu'une étoile perdue comme toutes les autres étoiles dans l'immensité de l'espace. Il fallait, pour le dogme chrétien, que la terre continuât d'être le centre du monde, et l'homme le but final de toute la création. C'est que, dans le système nouveau, l'argument du ciel et celui de l'enfer ne trouvaient plus de place.

Et en somme, l'Église a eu beau faire, les découvertes de Copernic et de Galilée ont porté à la foi d'irréparables atteintes. Avec la nouvelle conception du monde, le peuple devait forcément en arriver à douter du Dieu personnel, créateur et régisseur de l'univers, tel que le montre la Bible et tel que l'a adopté le christianisme ; à douter du paradis, dont les télescopes fouilleurs du ciel n'aperçoivent nulle part la trace ; à douter de l'enfer, dont la géologie, science également redoutée de l'Église parce qu'elle sonde les profondeurs du sol terrestre, ne révèle aucunement l'apparence.

Ébranlée dans cette espérance, détournée de cette crainte, mise en défiance par la vue des profits et des jouissances dont abusaient, à ses dépens, ceux-là mêmes qui la berçaient de la chanson des récompenses et châtiments ultra terrestres, la pauvre humanité finit par se dire qu'une part de bien-être et qu'un peu de justice ici-bas serait chose plus sûre et de meilleur aloi (1). Et, dans ce grand nombre de pauvres gens, dans cette démocratie, enfin, la protestation s'éveilla, sourdement d'abord et plus manifestement avec la marche du temps. L'élite sociale, les gens instruits, les philosophes, les savants, les hommes de cœur parmi eux du moins, frappés de l'inanité des

---

(1) Dans sa récente brochure destinée à faire accepter par Pie X les mutualités de vieux prêtres, M. Fuzet, archevêque de Rouen, cite ses paroles du pape Léon XIII : « ... Préférer un bien présent et certain à l'espérance douteuse et à l'attente incertaine d'un plus grand bien... ». Le curieux rapprochement que nous nous permettons, n'était pas, sans doute, dans la pensée du Pontif ni dans celle du Prélat qui la rapporte, mais le peuple n'avait pas attendu que le pape exprimât cette idée pour la concevoir et l'appliquer au détriment de la croyance.

mystères religieux d'une part, et, de l'autre, de la détresse des malheureux auxquels tout est peine et misère, vinrent courageusement au secours de cette démocratie.

« A partir du XVIᵉ siècle, dit éloquemment M. Joseph Fabre au début de son bel et récent ouvrage (1), grand siècle plein de sève et de vie, l'intelligence européenne, émancipée du joug des autorités religieuses par la Réforme de Luther qui était grosse d'orages politiques et de révolutions intellectuelles que son auteur ne prévoyait ni ne voulait, émancipée du joug des autorités par Ramus, l'infatigable adversaire d'Aristote ; par Rabelais, le gigantesque railleur ; par Montaigne, le profond douteur ; par Galilée, le savant penseur, enfin, par les inventeurs et les artistes de la Renaissance, commence à reprendre les grandes traditions de l'antiquité ; se retrempe aux sources vives de la nature, rompt avec le pédantisme ergoteur et vide, s'affranchit du servage théologique.....

« Pourtant, le fanatisme voyant se dissiper la nuit où il prétendait emprisonner les âmes, redoublait ses fureurs....., [mais c'est lui qui] était frappé à mort et ce qu'il voulait tuer était fait pour vivre ».

Une fois encore je m'aperçois que je m'écarte, en suivant ma propre pensée, de la conférence de M. Ajam. Il me faut revenir en arrière et m'arrêter avec lui au tableau que présentait, au moyen âge, la situation du peuple, l'état de la démocratie.

*
* *

La période qui suit les troubles de la fin de l'Empire romain et l'établissement de l'Église chrétienne, s'appelle le Moyen âge et embrasse une durée d'environ mille ans, du IVᵉ au XIVᵉ siècle.

Quel est, pendant ce millénaire, le sort du plus grand nombre des hommes ? Trois puissances le dominent :

---

(1) La pensée moderne de Luther à Leibniz. — Lib. Alcan.

la Monarchie, l'Église et les Seigneurs. Les deux premières surtout s'entendent pour exercer la souveraineté.

Le monde est loin d'être changé aussi complètement qu'avaient pu l'espérer les premiers chrétiens. Sous le règne de la religion nouvelle, les hommes ne se sont pas mis à se traiter en frères. La misère continue de s'étaler à côté de l'opulence, la licence et la violence n'ont pas disparu ; les guerres et les drames sanglants se succèdent presque sans discontinuer. Les évêques, en accumulant des richesses et en harcelant les « hérétiques » montrent qu'il est des accommodements avec l'Évangile. De persécutée qu'elle fut à ses débuts, l'Église est devenue persécutrice à son tour.

Toutefois, pour être impartial, il faut reconnaître que l'action de l'Église ne fut pas toujours néfaste, de même que la monarchie ne fut pas en tout et partout malfaisante. Nulle œuvre humaine n'est complètement mauvaise; aucune, en revanche, n'est absolument bonne. L'Église eut donc une action bienfaisante à plusieurs reprises : en essayant, (sans y réussir, il est vrai), à faire régner la Trêve de Dieu, c'est-à-dire la paix (1) ; en instituant des œuvres de bienfaisance et d'enseignement. Mais combien plus grands eussent été les résultats, on ne saurait trop le remarquer, si sa doctrine eût été plus tolérante, moins exclusive de la raison, moins calculée en vue de ses intérêts.

Sous la domination de la Monarchie, de l'Église et des Seigneurs féodaux, au bas de l'échelle sociale, il y a les serfs. La différence entre le serf du moyen âge et l'esclave

---

(1) Conforme à ses intérêts, qui souffraient des petites guerres que se faisaient les seigneurs entre eux. Guerroyant dans un but de gain et profit, soudards et routiers incendiaient souvent les abbayes, pillaient les églises, abolissaient le service divin et désolaient les religieux.

de l'antiquité, c'est que le serf peut constituer une famille, cultiver un lopin de terre et qu'il ne peut être vendu qu'avec l'une et l'autre. A cela près, le serf est esclave.

Son lopin de terre, il lui est défendu de le quitter ; s'il s'enfuit, son maître, (roi, seigneur ou dignitaire de l'Église), exerce sur lui le « droit de suite » et, s'il le trouve, il le punit cruellement. Le serf ne peut épouser une serve appartenant à un autre seigneur sans autorisation (1). Son maître hérite de lui et non ses enfants. Le serf, disait-on, « a la main morte pour donner », ce qui signifiait qu'il n'avait le droit de rien léguer au siens. Enfin, son maître peut exiger de lui autant de « corvées » ou services de corps qu'il lui plaît : ce sont des journées de travail gratuit. Il exige des redevances en nature ou en argent, qu'on appelle des tailles. Le serf est taillable et corvéable à merci, c'est-à-dire jusqu'à ce qu'on ait pitié de lui.

Au-dessus du serf est le serf affranchi ou vilain libre. En des moments de gêne, le seigneur octroie la charte d'affranchissement aux serfs moyennant finances. Dès le XIIIe siècle, presque tous les serfs sont devenus libres. Il existe cependant encore des serfs sous Louis XVI au moins sur le domaine royal. Le vilain peut quitter sa terre et s'établir ailleurs. Il peut léguer ses biens mobiliers et même vendre le lopin de terre qui lui est affermé et dont, à la longue, il se considère comme le vrai propriétaire. Il peut disposer de son travail et de ses produits lorsqu'il a acquitté vis-à-vis de son seigneur *le cens* ou prix de sa libération. Mais il doit au seigneur des péages pour circuler sur les routes et les ponts. Il ne peut moudre son blé, cuire son pain ou fabriquer son vin qu'en ayant

---

(1) Quand un serf épousait une serve appartenant à un autre seigneur, les deux seigneurs se partageaient les enfants.

recours au moulin banal, au four banal, au pressoir banal que le seigneur lui fait payer cher. Ces charges déguisées s'appellent les banalités.

Le seigneur a seul droit de chasse partout et ravage les champs impunément ; défense au paysan de protester ou de toucher au gibier sous peine d'être pendu. Le seul tribunal auquel le paysan puisse se plaindre est précisément celui du seigneur ; or, selon la coutume, il n'y a d'autre juge, entre le seigneur et le vilain, que Dieu.

A ces charges accablantes, il faut joindre la dîme payée aux prêtres. Tout ceci a pour résultat de maintenir l'agriculture dans un état lamentable. Pendant tant de siècles, aucun progrès ne se fait ni dans le matériel agricole, ni dans le mode de culture, ni dans la plupart des industries humaines. Aucun bien-être chez le paysan, ses vêtements sont sordides, sa maison un taudis.

Rien de plus pitoyable que l'aspect d'un village d'alors blotti contre les murailles du château ou de l'église paroissiale ; cabanes de torchis, souvent sans fenêtres, lits de feuilles sèches ou de paille où couche pêle-mêle toute la famille ; devant la porte, du fumier, des immondices, des eaux croupissantes. Pour nourriture, pain noir, châtaignes, légumes, quelquefois un peu de viande de porc. Mais vienne une mauvaise récolte, une de ces guerres qui sont si fréquentes et ruinent les cultures, alors ce tableau qu'a dû abréger M. Ajam, s'assombrit davantage encore. C'est la famine et ses horreurs. On ne sait pas assez maintenant jusqu'où descendaient les instincts de l'homme sous l'action de ce fléau qu'on a vu se renouveler jusqu'à soixante-dix fois en un siècle en certains points de la France. On mangeait l'écorce des arbres ou l'herbe des champs. M. Ajam a parlé d'abord du temps antique où régna l'anthropophagie. Sous l'empire de la famine on en vit de véritables accès dans certaines campagnes de

France, au moyen âge, comme sur certains vaisseaux perdus et désemparés à travers l'Océan (1). Sur les routes on assaillait un voyageur isolé pour le manger ; ses membres étaient dépecés, grillés, dévorés. Un contemporain rapporte que des enfants étaient attirés à l'écart par l'appât d'une pomme ou d'un œuf, et que là on les égorgeait. Près de Mâcon, dit un historien, on trouve chez un malheureux quarante-huit têtes d'hommes, restes de ses horribles repas.

Le curé est l'intermédiaire entre le pouvoir et les paysans. C'est lui qui leur apprend ce que le bon roi exige d'eux : ce que chaque maison, « chaque feu », comme on disait, allait avoir d'impôts nouveaux à verser au passage du percepteur du roi, ce qu'il va falloir que chacun paie pour la rançon du seigneur fait prisonnier à la guerre.

Souvent, bestiaux, charrue, on prend tout au paysan et on le met à la torture pour lui faire dire où il a pu encore cacher quelque chose.

D'interminables guerres favorisaient le pillage, les voleries de bétail, de provisions et de mobilier, sans compter les incendies car, comme l'avait dit un roi d'Angleterre : « Guerre sans incendies ne vaut, non plus que tripes sans moutarde ».

Il est convenu, selon la formule du temps, que, pour le service du roi, le seigneur paie de son épée, le prêtre de ses prières, et le vilain ou le manant paie de ses deniers et de sa personne.

A côté de cela règnent des superstitions telles que le paganisme n'en imagina jamais de plus grossières.

(1) Dans ses remarquables mémoires, le général Marbot, racontant les horreurs du siège de Gênes en 1800, dit des malheureux prisonniers autrichiens relégués sur les pontons par Masséna : « Après avoir mangé leurs brodequins, leurs havre-sacs, leurs gibernes, *et même peut-être quelques cadavres*, ils moururent presque tous d'inanition.

Il fallait, dit M. Rambaud, ne commencer à labourer qu'après avoir promené trois fois du pain et de l'avoine autour de la charrue avec un cierge allumé, en récitant des prières ; on ne devait filer ni coudre le jeudi ni le vendredi parce que cela faisait pleurer la Sainte Vierge. Tracer une croix sur la cheminée empêchait les poules de s'égarer, etc., etc.

La peur du diable et sa conséquence, la peur de la mort étaient inculquées dès l'enfance. Les prédicateurs menaçaient à tout propos les pécheurs de la damnation.

Les plus coupables, dit M. Lavisse, pouvaient être frappés d'une peine terrible : l'excommunication.

La cérémonie de l'excommunication était faite pour inspirer la terreur : elle était accompagnée de malédictions solennelles. On lisait la sentence devant le peuple assemblé à l'église ; les évêques et les prêtres tenaient à la main des torches allumées ; ils les éteignaient en s'écriant : « Ainsi Dieu éteigne la vie de l'excommunié ! » Celui-ci était retranché de la société des fidèles ; ses amis, ses serviteurs le fuyaient ; nul ne s'asseyait à sa table ; ce qu'il touchait était souillé...

L'Église, on le sait, essaie encore aujourd'hui la pénalité de l'excommunication, mais combien timidement et quel dommage pour elle que cette arme, si terrible autrefois, soit maintenant si émoussée et si ridicule.

Tel fut, en abrégé, l'état de la démocratie au moyen âge.

Au régime de la féodalité succède, à partir du XVe siècle, celui de la monarchie absolue qui a réalisé l'unité française.

Sous la monarchie absolue, le nombre des serfs alla sans cesse en décroissant. Les fermiers et les métayers étaient de plus en plus nombreux.

Autre signe de progrès, les besoins des paysans se sont accrus : si leur habitation a toujours l'air misérable, si les plus aisés ne mangent guère de viande qu'aux grandes fêtes, du moins l'usage des draps de lit se répand dès le

XVIe siècle, le vêtement s'améliore sensiblement et l'usage des sabots se généralise.

Cependant, les exigences de l'impôt de toute nature subsistent. On a calculé que sur une valeur de 100 francs de revenu, l'impôt royal, les droits féodaux et la dîme ecclésiastique enlevaient au paysan 81 fr. 71 et lui laissaient 18 fr. 29. Et pires encore que l'impôt lui-même étaient les tracasseries et les cruautés de son recouvrement (1).

(1) Voici, à ce sujet, un curieux passage d'un ouvrage de mœurs historiques (*Histoire d'un Village*. DELON.)

« Le roi a dit : Il me faut tant de millions. L'intendant de la province a écrit : Ce village paiera tant pour sa part. Il s'agit de tirer cet argent aux paysans. Ce ne sont pas des employés du Gouvernement, ce sont des gens du village, choisis parmi les plus aisés, que l'on désigne pour cette corvée où il n'y a que des malédictions et des haines à recueillir.

L'année dernière, c'était Jean du Chêne, le gros Pierre Leroux et Guillaume qui étaient « collecteurs ». Cette fois, c'est le tour à Simon le Vanier, à Jacques du Chemin et à Jean des Touches. « Hélas ! dit l'un, je ne sais ni lire ni écrire, pas plus que les deux camarades, guère compter. — N'importe, répond l'homme de l'intendant. Ce n'est pas mon affaire, il faut tant. Faites payer comme vous voudrez. S'il en manque, c'est vous qui compléterez ».

Que faire ? Tant d'argent ! Où le trouver ? Tout le monde est déjà ruiné. Ils n'en dorment plus. Les mauvaises années surtout : où prendre quand il n'y a plus rien ? Les gens sont couverts de haillons. Si quelques-uns ont caché sous la pierre du foyer ou dans le coin de l'étable quelques pièces économisées en se privant de tout, ils s'arrangent pour avoir l'air plus misérables encore que les autres. « Car, pensent-ils, si on savait que nous avons quelques sous, vite on nous les prendrait ».

Les trois collecteurs se réunissent dans une grange. A eux de répartir la taille, de décider combien paiera chaque famille. Ils disputent longtemps. Chacun voudrait bien ménager un peu ses parents, ses amis. Enfin, quand c'est arrangé, ils sortent, tous trois ensemble, pour se soutenir. Ils vont de porte en porte, demandant, exigeant, menaçant et ne recueillant que des cris et des injures.

Il faut recommencer cinq à six fois, ahuris, bousculés. Ils menacent des soldats, de la prison. A peine arrachent-ils le quart de la somme.

L'intendant, qui ne voit pas venir l'argent, envoie au village des huissiers, des recors, des sergents. Les villageois prient, supplient, promettent. Qu'on leur donne du temps, qu'on attende telle récolte, telle foire. On fait boire les agents. Ils emportent quelques sous et beaucoup de promesses.

Un mois après, ils reviennent. L'intendant s'est fâché. Les huissiers saisissent, font emmener par les sergents tous les bestiaux du village sans

Peu à peu, émerge du peuple une classe nouvelle, qui continue à en faire partie, mais qui, en réalité, se différencie du reste du « tiers-état » par sa fortune, son genre de vie et son instruction : c'est la bourgeoisie. Ce sont ceux qui, par leur habileté, leur esprit d'économie ou leur avarice, souvent aussi par leur dureté envers leurs aides, ou encore par des héritages, réussissaient à *amasser*. Il est à remarquer qu'ils n'eurent de bonne heure en France qu'un rêve : devenir ou faire de leurs fils des fonctionnaires du roi. Les rois, spéculant sur cet engouement, leur vendirent toutes les charges, moyennant certaines garanties apparentes ou réelles de capacité.

Malgré les guerres politiques et religieuses qui ont ensanglanté l'Europe et entravé la marche de l'humanité de la fin du XV⁰ siècle à la fin du XVIII⁰, dit, en substance, M. Ajam, les progrès réalisés pendant ces trois siècles ne sont pas niables : progrès matériels et progrès intellectuels. Le progrès matériel consiste dans la multiplication des industries, des échanges commerciaux, des voies de communication, dans l'accroissement de la navigation maritime (1), dans l'augmentation du luxe des classes riches.

Toutefois, on ne peut oublier que ce développement du

---

s'inquiéter qui a payé ou pas payé, car les habitants sont *solidaires* : cela veut dire que si le voisin ne paie pas vous payez pour lui ; le roi ne veut rien perdre.

Les huissiers s'installent dans la rue, font enlever et vendent à la criée les meubles quand il y en a, la table, le banc, le lit, le berceau, hélas ! le petit berceau où dormait tout à l'heure l'enfant. Ils y ajoutent les portes et les fenêtres, décrochées. C'est donné plutôt que vendu à deux ou trois brocanteurs avertis et venus de la ville pour faire une bonne affaire.

Ce n'est pas tout. Les collecteurs sont saisis à leur tour, et la somme est loin d'être complète ; alors, on les emmène en prison d'où ils reviendront dans quelques mois malades et ruinés pour toujours. L'année prochaine ce sera le tour de trois autres.

(1) On sait que l'Amérique, longtemps appelée le *Nouveau Monde*, avait été découverte par Christophe Colomb en 1492 et que son exploration excita le zèle des hardis navigateurs des XVI⁰ et XVII⁰ siècles.

luxe et de la prospérité, qui favorise les privilégiés, n'empêche pas la misère de renouveler fréquemment ses sinistres apparitions dans la classe la plus nombreuse. Les années 1707, 1725, 1739, 1740 et un certain nombre d'autres en ce siècle, sont marquées par des disettes où les paysans mangent de l'herbe, du pain de fougères, des animaux en putréfaction et sont décimés par la maladie et la faim. En 1739 et 1740, des soulèvements occasionnés par l'excès du mal se produisent en diverses régions notamment à Caen et à Rouen. Vauban, Fénelon, Saint-Simon, à des dates différentes, comparent le pays à un hôpital de mourants et de désespérés. Ainsi, le progrès et la prospérité marchent, mais accompagnés à courte distance d'un sinistre cortège. La cour, les riches et l'Eglise s'efforcent à maintenir le peuple dans un état d'esprit qui l'empêche de se plaindre et surtout de trouver illégitimes leur opulence quelquefois prodigieuse, leur morgue, leur perfidie et leur dureté.

Les progrès intellectuels se manifestent par l'éclosion des écoles de littérature et de peinture originales dans tous les pays. La science, grande puissance internationale qui ne connaît ni frontières, ni haine fratricide, ouvre des horizons grandioses.

Enfin, les philosophes français du XVIIIe siècle, Rousseau, Voltaire, Diderot, Condorcet, etc., font entrevoir aux hommes de bonne volonté, la possibilité d'un avenir radieux. Ils communiquent à toute l'Europe quelque peu de leur espoir dans le triomphe de la raison humaine sur les préjugés du passé et les iniquités sociales, et le monde en les entendant commence à tressaillir, pressentant une ère nouvelle. Ils sont les pères de la Révolution qui s'avance.

*_**

A la vérité, la Révolution Française est l'œuvre de la bourgeoisie. Devenue la classe la plus riche et la plus instruite de la société, tenant le commerce, l'industrie, les finances et de nombreux domaines, c'est de son sein qu'étaient sortis les grands écrivains émancipateurs, véritables éclaireurs avancés, et c'est elle, en même temps, qui prêtait au trésor royal les capitaux énormes dont la privation, quand elle les refusa, précipita les embarras de la monarchie. Les craintes que lui inspirait la gestion des affaires de l'État l'incitèrent à exiger des réformes. Mais elle savait qu'elle pouvait compter sur le peuple des villes et des campagnes qui, las de souffrir, exhala toute la haine qu'il avait au cœur depuis des siècles contre la dîme, contre les droits féodaux, contre le poids écrasant des impôts, contre l'arbitraire et les abus de la royauté du bon plaisir. Napoléon disait que l'infanterie est la reine des batailles, la démocratie fut cette infanterie dans la bataille révolutionnaire. Bataille formidable et sans précédent où la nation française se délivra, par un héroïque effort, du triple joug de la royauté, de l'Église et des droits seigneuriaux.

Comme il arrive souvent dans les guerres, l'élan irrésistible du parti victorieux l'entraîna trop loin. Telle avait été l'injustice du passé, telle avait été la cruauté des privilégiés, telle avait été la souffrance du peuple qu'une fois engagé à fond dans le mouvement réformateur on ne vit qu'une solution : détruire entièrement le ci-devant état de chose et refaire à neuf la société pour l'avenir. Dans l'élan furieux d'extermination du mal, quoi d'étonnant si l'on ne s'arrêta pas aux limites qu'approuve la froide raison des temps apaisés ? (1)

(1) Les massacres de septembre, par exemple, si regrettables soient-ils, furent l'œuvre d'un peuple exaspéré par les nouvelles de la frontière où les uhlans coupaient les oreilles des officiers municipaux et les leur

Malheureusement, comme l'a dit M. Ajam, au flux de l'océan succède le reflux ; la grande action révolutionnaire fut suivie d'une sinistre réaction.

La marche rapide des évènements, les troubles inhérents à la réorganisation, les succès de nos armées au dehors, incitèrent un jeune général victorieux à concevoir l'ambition du pouvoir suprême. Bonaparte ne craignit pas d'entreprendre le rétablissement à son profit de ce qu'avait détruit, au prix de son sang, toute une génération d'hommes. Doué d'une énergie et d'une activité prodigieuses, favorisé par les circonstances, secondé par ses troupes qu'il avait su amener à lui obéir aveuglément en tout, ce desposte de génie comprit bien vite que, pour asservir de nouveau le pays, il n'était rien de tel que le concours de l'Église. Il s'empressa de conclure, avec le pape d'alors, ce concordat qui rétablissait en France le clergé romain et faisait des évêques et des prêtres des fonctionnaires à lui. Peu d'années après, les curés enseignaient à tous les enfants de France le catéchisme impérial, où l'obéissance à l'empereur découlait des commandements de Dieu, et la nation surprise se voyait abandonnée au régime de la plus dure et de la plus dangereuse tyrannie (1).

*_**

L'empereur Napoléon disparut, laissant la France en

---

clouaient sur le front, où Longwy avait été livré par trahison, Verdun investi ; par les conspirations découvertes en province, par l'insolence des royalistes calculant le jour où l'ennemi serait à Paris et conspirant jusque dans les prisons. Napoléon lui-même a dit à Sainte-Hélène que « cette réaction *en petit* de la Saint-Barthélemy » était « dans la force des choses et dans l'esprit des hommes ».

(1) Taine a admirablement montré comment le clergé et la magistrature jouaient, dans l'organisation impériale, le rôle d'une gendarmerie supérieure destinée à assurer la stabilité du régime.

ruines et la démocratie éprouvée par les énormes pertes d'hommes, résultat de guerres insensées.

La Révolution, toutefois, n'avait pas été faite en vain. Le sentiment de la liberté politique était acquis à la mentalité nouvelle. Le roi Louis XVIII, longtemps exilé en Angleterre, y avait vu fonctionner le gouvernement parlementaire. Il crut prudent d'octroyer à ses sujets, une *Charte* qui leur garantissait le maintien d'une partie des libertés conquises par la Révolution. Mais le clergé avait repris de plus belle sa situation politique et son pouvoir devait, non seulement survivre longtemps à celui de Napoléon qui l'avait rétabli, mais grandir de jour en jour. Il prit une part active aux élections et réussit à faire nommer une chambre plus royaliste que le roi (1) et qui, en janvier 1821, invita le gouvernement « *à fortifier l'autorité de la religion sur l'esprit des peuples et à épurer les mœurs par un système d'éducation chrétienne et monarchique* ». En exécution de ce vote, le roi publia une ordonnance posant la religion, la monarchie, la légitimité de la charte, comme les bases essentielles de l'éducation publique. Les évêques eurent la tâche d'inspecter les écoles. Les curés prirent chez eux des élèves. La congrégation travailla sans relâche, s'affiliant des congrégations secondaires et organisant des œuvres innombrables. L'Église se retrouvait en pleine possession de son rôle naturel : inculquer au peuple, par les croyances légendaires, la mentalité d'asservissement.

Vint la Révolution de 1830. L'esprit borné et par trop arriéré de Charles X l'ayant entraîné à des mesures excessives, la démocratie se joignit encore à la bourgeoisie pour un nouvel effort contre la vieille monarchie qu'on

---

(1) La « Chambre introuvable ».

voulait faire revivre. Les barricades se dressèrent dans les rues, le peuple arbora le drapeau tricolore et, après trois jours de combat, les insurgés étant vainqueurs, Charles X prit la route de l'exil.

Alors, la bourgeoisie craignit que le concours du peuple ne ramenât la République, régime trop favorable à la démocratie, et s'empressa d'offrir le pouvoir à un prince de la famille royale qui, de son côté, le guettait d'un œil ardent. Le duc d'Orléans, appelé alors par Lafayette « la meilleure des Républiques », devint roi sous le nom de Louis-Philippe Ier. La démocratie dut ajourner encore la réalisation de ses rêves.

« Supposez, dit M. Ajam, une table copieusement servie, qui, pendant longtemps, reste l'apanage d'un seul. Une société d'un certain nombre de personnes ayant pu s'en emparer, jouit maintenant des repas abondants. Mais voilà qu'une foule de gens s'approchent et laissent clairement apercevoir que, pour prendre une petite part au banquet, ce n'est pas l'appétit qui leur manque. Les nouveaux occupants ne l'entendent pas ainsi et, n'en trouvant pas trop pour eux, font en sorte d'écarter la foule gênante ». Cet apologue est un peu l'histoire de la bourgeoisie et de la démocratie à la suite de toutes nos révolutions. Le peuple fut toujours à la peine et partout au danger, toujours plein d'espérance. N'ayant jamais rien à perdre, il avait toujours tout à gagner.

Mais la bourgeoisie seule, plus instruite, plus intrigante et surtout plus riche, sut voir ses avantages politiques, économiques et sociaux s'accroître et tous les sommets lui devenir accessibles. Sous Louis-Philippe, comme sous ses prédécesseurs, on appliqua le cens électoral, c'est-à-dire que ceux-là seuls pouvaient voter qui payaient une certaine somme d'impôts et ceux-là être élus qui en payaient une plus forte encore. Il y eut en France 200.000 électeurs (1) et 25.000 éligibles. La démocratie tout entière continua d'être exclue du droit de suffrage réservé aux propriétaires, industriels, banquiers et négociants.

C'était aussi le temps de la garde nationale : celle-ci, comme les autres institutions appelées à jouer un rôle dans l'Etat, fut exclusivement composée de bourgeois. Le peuple en fut écarté, on se défiait de lui et, en effet, ce n'est pas lui qui avait grand intérêt à défendre la Constitution rédigée plus contre lui qu'en sa faveur.

A cette époque commença le bouleversement économique qui s'est prodigieusement développé depuis. Les mines, les machines agricoles et industrielles, les chemins de fer, les bateaux à vapeur firent leur apparition. Pour exploiter le tout, se fondèrent, avec les capitaux bourgeois, les grandes compagnies. Quant au peuple, on songea aussi à lui : on fit appel à ses bras et, pour obtenir la main-d'œuvre à plus bas prix, on employa, outre les hommes faits, des travailleurs de tout âge autant que ce fut possible. On citait des ouvriers de neuf, de sept et même de six ans. On reconnut, il est vrai, la nécessité d'une loi limitative à cet égard. On la fit, mais elle resta lettre morte. Sous le second empire, Jules Simon put écrire son livre : *L'Ouvrier de huit ans*.

C'était le temps du service militaire où les riches pouvaient se faire exempter à prix d'argent et éviter la caserne, mais où tous ceux qui n'avaient ni une fortune suffisante, ni la chance de tomber sur un bon numéro, passaient sept années de leur vie au régiment.

Le servage était pour toujours aboli, mais le peuple restait aux prises avec toutes les difficultés de l'existence.

Cependant, certaines manifestations socialistes se produisirent à Paris et à Lyon. Des esprits éminents et

---

(1) Sur environ huit millions de citoyens.

généreux, tels que Saint-Simon, Fourier, Louis Blanc et leurs amis proclamèrent la nécessité de diminuer les injustices sociales.

Quant au clergé, s'apercevant que sous le précédent régime il s'était trop avancé dans le sens de la réaction, ce qui l'avait rendu impopulaire, il fit une volte-face habile : il affecta de devenir libéral. Cela le servit bien quand vint la Révolution de 1848.

Au mois de février de cette année, la troupe ayant tiré sur la foule au cours d'une manifestation, les barricades se dressèrent aussitôt dans les rues étroites des quartiers populaires, on envahit la Chambre des députés et Louis-Philippe s'enfuit, comme Charles X, tandis que républicains et socialistes proclamaient la République.

***

La République de 1848 ne put pas vivre. Pourquoi ? Parce qu'elle fut une République cléricale.

Au lendemain de la révolution de février, tous les partis se réclamaient de l'Évangile. Lamennais y découvrait les principes d'une démocratie radicale. On exaltait la morale du « Sans-Culotte Jésus ». De fervents républicains rêvaient d'une réconciliation de l'Église avec la liberté, et, illusion prodigieuse, comptaient sur le pape Pie IX pour y présider.

La bourgeoisie, sous Louis-Philippe, avait été libérale et voltairienne, et volontiers avait boudé l'Église. Celle-ci ne regretta pas cette royauté qu'elle avait subie plus qu'elle ne l'avait aimée. Elle vit son intérêt à marcher avec la révolution, à la diriger, sauf à la mettre tout à fait à la raison quand, plus tard, elle dominerait la situation. Aussi, d'un bout à l'autre de la France, l'Église poussa-t-elle des acclamations en l'honneur du gouvernement nouveau. Partout les curés bénissaient les arbres de la liberté et chantaient des *Te Deum* en faveur de la République.

Une chose est à retenir de cette époque, pour la démocratie : le suffrage universel lui fut rendu. Il est vrai que quand elle demanda davantage, ses porte parole furent massacrés ou déportés et de plus bafoués sous l'appellation de *partageux*.

Les membres du gouvernement provisoire, sans être des croyants, ne parlaient du catholicisme qu'avec respect, semblant considérer, dans le chaos révolutionnaire, que l'Église restait une force organisée, précieuse à la société. Le mot : « Il faut une religion pour le peuple » vit alors les plus beaux jours de son exploitation (1).

Aux élections de 1848 et à celles de 1849, le clergé, sous le vernis républicain dont il s'était recouvert, prit une part extrêmement active aux luttes politiques. Le peuple, peu instruit, facile à abuser, s'y trompa si bien que presque aucun des candidats que l'Église combattait ne fut élu. Les Parlements de la deuxième République furent parfaitement cléricaux.

Alors qu'arriva-t-il ? Le service de Rome prima le service des intérêts français. Une expédition militaire fut envoyée en Italie pour rendre au pape la souveraineté de ses États. Une loi sur l'enseignement, la loi Falloux, fut votée pour permettre à l'Église cette mainmise sur la jeunesse dont souffre encore notre pays divisé. Puis, enfin, un prince de la famille Bonaparte, élu président à la suite d'un véritable marché, s'entendit avec le haut clergé et avec le haut commandement de l'armée pour balayer le

---

(1) Il y a 2.000 ans déjà, Cicéron écrivait : « *Oportet populum in religione decipi* ». (La religion nous est utile pour tromper le peuple, ou, littéralement : Il est opportun que le peuple soit pris ou abusé par une religion).

Parlement élu. Il rétablit le trône impérial, à l'imitation de son oncle, et accapara comme lui le pouvoir suprême, et même, pendant plusieurs années, le pouvoir absolu.

Alors ce fut pour dix-huit ans la France privée de la libre disposition d'elle même et de ses destinées. Ce fut la compétition incessante de l'Église et du pouvoir civil, ayant besoin l'un de l'autre, le second demandant à la première son concours auprès des populations, et celle-ci montrant au pouvoir des exigences toujours excessives.

Enfin arrive le désastre final où sombre le régime impérial et d'où la France ne devait sortir que mutilée.

Le parti républicain recueille, sans révolution violente à l'intérieur, le pouvoir devenu vacant, mais cela, en pleine crise guerrière, dans le pays envahi. Et il fait face à l'ennemi, quoique voyant, éploré, nos armées prisonnières prendre le chemin de l'Allemagne.

L'Italie profite de notre désarroi pour réaliser enfin le vœu auquel les gouvernements français, pour s'assurer le concours du clergé, avaient si longtemps mis obstacle ; elle complète son unité nationale, rétablit Rome sa capitale et réduit le pape au gouvernement spirituel de la catholicité.

Ainsi se trouve instaurée la troisième République française, en pleine détresse et au milieu de difficultés inouïes.

Quelle que soit la valeur des hommes, on n'improvise pas du jour au lendemain, dans un pays en partie épuisé surtout, des armées nouvelles capables de résister à des armées aguerries et déjà victorieuses. Après une lutte prolongée qui reste son honneur, la France fit la paix, au prix de quels sacrifices ? On ne le sait que trop.

Le pays élit une Assemblée dont les membres se partageaient à peu près également entre républicains et cléricaux réactionnaires. Mais ces derniers eux-mêmes se divisaient en partisans de chacune des trois dynasties ayant régné en France dans ce siècle.

L'Assemblée porta au pouvoir M. Thiers, ancien ministre de Louis-Philippe, ancien député d'opposition libérale sous l'empire.

La démocratie parisienne, inquiète de l'aspect réactionnaire de l'Assemblée et peu rassurée par les antécédents de l'homme qui l'avait traitée de « vile multitude » en 48, fonda un autre gouvernement sous le nom de Commune de Paris. Une lutte s'engagea qui devait laisser de tragiques souvenirs.

La Commune vaincue, les vieux partis monarchistes s'agitèrent pour reprendre le pouvoir. Secondant leurs efforts et les encourageant, l'Église est derrière eux tous, quoique donnant la préférence à la royauté légitime. Elle arbore dans ses temples le drapeau blanc et repousse alors le drapeau tricolore qu'elle devait cyniquement exploiter plus tard quand auraient disparu les espoirs qu'elle avait entrevus dans les plis du premier.

Tour à tour les partis monarchistes s'amoindrirent et disparurent. Après les avoir excités et servis l'un après l'autre dans leurs luttes contre la République, l'Église, restée seule, continue inlassablement à poursuivre de son hostilité tout ce qui est vraiment républicain. Successivement, les lois et les mesures gouvernementales, souvent provoquées par son opposition agressive, viennent lui enlever de ses privilèges et limiter ses puissants moyens d'action. Mais on peut être bien tranquille ; plus ultramontaine et plus étroite dans ses vues que jamais, elle reste à l'affût, ardente à saisir toutes les occasions de combattre le nouvel état de choses, et, si d'aventure un ambitieux quelconque se présente avec les moindres chances de succès pour s'emparer du pouvoir, on peut être certain que l'Église sera avec lui ou plutôt derrière lui.

En attendant, c'est vers le peuple qu'elle est aujourd'hui tournée. Le corps électoral étant maintenant le maître, l'Église s'ingénie à gagner sa sympathie et à former, pour son parti, le plus d'électeurs possible.

Elle insiste moins, à cette heure, sur certains côtés de la pratique dévote autrefois plus rigoureuse ; on essaie davantage de frapper les esprits par le côté théâtral et de séduire le public par des œuvres et des institutions attrayantes mais où l'esprit religieux est, en réalité, méconnu.

Ces habiletés destinées à gagner à la fois les suffrages politiques et les subsides pécuniaires plus nécessaires que jamais depuis la séparation, n'entraînent qu'une minorité. Le peuple semble bien se souvenir que toutes les fois que rois, empereurs, seigneurs ou bourgeois au pouvoir éprouvèrent le besoin de le contenir, de le soumettre ou de le refouler dans l'humilité de sa situation, le concours toujours empressé de l'Église leur fut acquis, tout autant que, donnant donnant, ces gouvernements consentirent à agir conformément aux intérêts du pape.

**

Les révolutions, après avoir emprunté le concours du peuple, ne lui ont jamais, nous l'avons dit, assuré sa part d'honneur, de profit et de sécurité. Une tendance égoïste évidente, émanant de la classe bourgeoise, écartait toute velléité socialiste.

Sous la première République, Babeuf, le père du socialisme moderne, fut condamné comme l'eût été un simple aristocrate.

Sous le gouvernement, dit libéral, de Louis-Philippe, les possédants seuls avaient le droit de vote, les plus importants seulement parmi eux, celui d'être élus. Sous la seconde République, tout ce qui fleurait le socialisme fut écarté, déporté ou même massacré. Pour éloigner le pays des idées d'amélioration sociale, on jeta l'effroi dans les villes et les campagnes en agitant ce qu'on appela « le spectre rouge ».

Napoléon III afficha certaines idées socialistes, ce qui ne fut de sa part qu'un stratagème pour attirer à lui des voix ouvrières. Vaine simagrée à laquelle ne se trompa guère le suffrage universel, qu'à son grand dommage il fut obligé de maintenir.

Seule, la troisième République a résolument envisagé cette œuvre immense, difficile, capitale et nécessaire : assurer au grand nombre la vie, ce qui est nécessaire à la vie indépendante, conformément aux droits qui résultent logiquement de la conception naturelle et scientifique des choses.

« Quel est le premier objet de la Société ? a dit un orateur de la Révolution (1). C'est de maintenir les droits imprescriptibles de l'homme. Quel est le premier de ces droits ? Celui d'exister.

« La première loi sociale est donc celle qui garantit à tous les membres de la Société les moyens d'exister. Toutes les autres sont subordonnées à celle-là.

« Les aliments nécessaires à l'homme sont aussi sacrés que la vie elle-même. Tout ce qui est indispensable pour la conserver est une propriété commune à la Société entière ».

Ces principes sont l'objet des grandes préoccupations de la troisième République. A la vérité, l'œuvre d'amélioration est seulement ébauchée. Mais quand on se reporte à l'état antérieur, on doit reconnaître que de grandes choses ont été faites sous le régime actuel.

La troisième République a réalisé des lois d'assistance qui déjà sauvent de l'indigence un très grand nombre de

---

(1) ROBESPIERRE. — Discours du 2 décembre 1792.

gens, et procurent les soins nécessaires aux malades pauvres et aux vieillards dénués de ressources.

Pour permettre de ne rien laisser dans l'ombre des maux qu'il faut connaître, quels qu'ils soient, afin d'en étudier les remèdes, elle a institué la liberté de la presse et la liberté de réunion tant redoutées des régimes autoritaires.

Pour assurer à tous les moyens de se prêter un mutuel appui et de mener à bien des œuvres collectives, elle a réglé aussi libéralement que possible la liberté de se syndiquer et de s'associer.

Pour favoriser, au profit de tous, le développement de l'intelligence d'où sortiront les améliorations futures, elle a fondé l'enseignement gratuit et créé partout des écoles dans les conditions les plus hygiéniques et les meilleures à tous égards.

Elle a établi l'égalité devant l'impôt du sang et mêlé dans l'armée les jeunes hommes de toutes les conditions qui, apprenant à se mieux connaître, arriveront à s'aimer davantage.

Elle a fait des lois propices à l'hygiène et à la protection des travailleurs.

Et d'autres lois sont à l'étude, dont le but est d'élever et d'améliorer la condition des hommes, car la troisième République considère qu'elle ne doit pas s'arrêter dans la voie du progrès. D'ailleurs, la République, c'est la nation, et les bonnes dispositions, les aspirations généreuses qui existent dans la nation, sont fidèlement traduites dans les assemblées de représentants élus dont le gouvernement lui-même n'est que l'émanation.

L'évolution s'accentue, manifeste et favorable.

La troisième République a institué toutes les libertés nécessaires. A cette assertion nous entendons s'élever les protestations d'un parti. L'Église et le parti clérical s'écrient : la liberté ? Votre République nous prive de la nôtre !

Expliquons-nous. L'Église possédait autre chose que la liberté : elle avait une situation officielle dans l'Etat et celui-ci subventionnait et semblait prendre à son compte et ses agissements et son enseignement. Or, ses agissements étaient d'opposition directe aux idées républicaines et son enseignement est profondément entaché d'erreur.

On a considéré à bon droit que l'Eglise liée à l'Etat était un poids mort, un boulet attaché à la société dont il alourdissait la marche. La République se délivre de cet impedimentum et les membres de l'Eglise redeviennent des citoyens jouissant des libertés communes à tous, y compris celle de dire tout le mal possible du gouvernement, ce dont ils ne se privent pas.

*
* *

L'Etat républicain devait tout faire pour détacher de lui l'Eglise, parce que l'action de celle-ci alourdit la marche de l'Etat vers le progrès et que l'enseignement clérical est, avons-nous dit, profondément entaché d'erreur. Ne craignons pas de préciser.

L'enseignement chrétien, a dit et répété M. Ajam, est résumé dans le catéchisme, et ce petit livre, présenté comme de science révélée et absolue, doit être cru à la lettre, sous peine de délit religieux, c'est-à-dire de péché punissable des peines éternelles.

L'Etat républicain conçoit de façon toute autre son devoir d'éducateur public. Il reconnaît à l'esprit tout droit d'examen et de vérification. Il enseigne même l'art de la critique rationnelle, estimant qu'il n'y a ni science ni vérité qui ne la doive affronter sous peine de demeurer suspecte à l'esprit libre.

Or, soumis à l'examen et à la critique de l'esprit scientifique et libre, que devient le catéchisme ?

Ayons le courage de le dire ici. Quel que soit le préjugé qui l'environne, quelle que soit la condescendance que nous avons pour son enseignement dans nos familles, tout est erroné dans le catéchisme.

Véritable fiction est la prétendue révélation divine, imaginée par d'éminents personnages antiques, prêtres ou autres conducteurs d'hommes, qui voulurent donner à leurs prescriptions une autorité surhumaine (1).

Faux le récit de la création d'après la Bible et la plupart des légendes bibliques.

Erreur la divinité de Jésus et tout l'apanage de surnaturel qui l'environne.

Inexacte, telle qu'on la raconte, l'institution des sacrements, qui n'a aucune racine authentique dans les Évangiles eux-mêmes.

Altérées et modifiées les copies qui existent des susdits Évangiles.

Mal appropriée et ne s'adaptant pas justement aux besoins et aux intérêts de l'humanité, la morale chrétienne elle-même si singulièrement appliquée, du reste, dans l'Église et par elle.

Qu'on ne croie pas que ces graves erreurs ne sont reconnues que par les penseurs indépendants. Au sein de l'Église même, des membres du clergé, prêtres ou évêques savants et consciencieux, en ont établi l'évidence. Les Universités catholiques, (l'Église ne s'en doutait pas en les fondant), ont vu leurs professeurs se fortifier dans la connaissance des langues orientales anciennes et des lan-

---

(1) Chez les juifs, la suprématie politique et civile appartenait au Grand Prêtre de Jérusalem et les lois étaient édictées par les prêtres au nom de Javeh, dieu patron. Les siècles ont passé et nos prêtres, descendants des prêtres juifs, ordonnent toujours *au nom de Dieu* et toujours visent à s'attribuer le pouvoir sur les hommes.

gues vivantes, étudier sur les papyrus qui nous restent les textes précis et reconnaître les erreurs de traduction ou d'interprétation qui s'y trouvent (1). Sur des stèles de pierre, découvertes dans les fouilles en Asie, ils ont trouvé des inscriptions qui font remonter au-delà de tout ce que l'on prétendait, l'origine des préceptes hébraïques. Avertis déjà par les savants critiques étrangers dont ils ont appris la langue, ils ont eux-mêmes commenté les textes et les faits avec le souci de la vérité, et les idées qu'ils avaient reçues ont été souvent modifiées, sinon renversées.

Ils ont alors élevé la voix pour avertir l'autorité supérieure de l'Eglise du danger de maintenir comme articles de foi obligatoires des erreurs certaines. Ils l'ont fait en protestant de leur attachement à l'Eglise et croyant agir, sinon dans l'intérêt d'un papisme despotique digne du Moyen-Age, du moins dans celui de l'idée chrétienne proprement dite et de la pure doctrine évangélique.

L'autorité supérieure de l'Eglise n'a rien trouvé de mieux, continuant ses traditions d'obscurantisme et volontairement aveugle devant les preuves, que de se gendarmer et d'ordonner aux membres du clergé trop savants de se taire et de cesser d'écrire. Souvent elle les a frappés de toutes les peines disciplinaires à sa disposition.

Nous pourrions citer beaucoup de ces hommes de science et de conscience ; nous en citerons un seul, reproduisant de lui une phrase lapidaire d'une extrême justesse

---

(1) Les erreurs de la Vulgate, (traduction des Évangiles en latin admise par les Conciles), sont nombreuses et aujourd'hui bien connues.
Dans la *version des Septantes*, (ancienne traduction en grec des textes hébreux de l'ancien testament), dans un passage d'Isaïe, le mot hébreu *jeune femme* traduit par le mot grec *vierge* a permis à l'ascétisme du second siècle d'asseoir l'idée de la conception virginale du Christ, idée bientôt convertie en dogme et qui devait, plus tard, engendrer aussi le dogme de l'immaculée conception de la mère de Jésus elle-même.

— 57 —

d'expression. C'est un prêtre dans le ministère, (il y était du moins alors) (1), M. l'abbé Henri Loriaux. Comme M. l'abbé Le Morin et un certain nombre de leurs confrères, il s'est adressé aux évêques et leur a demandé des éclaircissements sur la crise de la foi. « N'avez-vous donc, leur dit-il, à résoudre que des questions d'administration ? » Et, après avoir rigoureusement examiné l'autorité des Evangiles, il en arrive à proposer de définir comme suit l'Eglise chrétienne :

« Une société de braves gens qui croient à la divinité de Jésus sur la foi de copies altérées, de manuscrits perdus, rédigés on ne sait où, ni quand, ni comment, par des auteurs inconnus, qui se contredisent et qui n'ont pas été témoins de ce qu'ils racontent ».

Cette définition, ajoute-t-il, « est le résumé des constatations inattaquables que nous avons été amenés à faire » (2). Et c'est la vérité.

Le danger de l'enseignement du catéchisme et de l'enseignement clérical n'est pas seulement dans l'introduction d'erreurs dans l'esprit de la jeunesse, erreurs dont, très souvent, du reste, on se débarasse plus tard. Il est aussi en ce qu'il fausse nécessairement le raisonnement. Pour admettre « les saints mystères », il faut accepter une foule de contradictions et d'équivoques. Tandis qu'on démontre le vrai en arithmétique, par exemple, il faut accepter et affirmer, en religion, ce que l'on ne sait pas, l'inintelligible, et le contraire de ce qui serait démontrable.

(1) Au commencement de 1906.
(2) L'autorité des Evangiles. Question fondamentale. E. Nourry, édit.

L'enseignement religieux, au lieu d'être rationnel est plutôt *une suggestion*. Il s'applique à introduire dans l'esprit les préjugés qui lui sont propres; il les y fortifie par les pratiques de piété et par le sentiment de la crainte. Il s'efforce d'obtenir des mentalités qui résistent par la suite aux raisonnements, fussent-ils évidents, s'ils ne lui sont pas favorables.

Il y a là, pour le jeune esprit objet de cet enseignement, un continuel effort opposé à la sincérité pure et simple, une compromission constante de la bonne foi intégrale qui laisse une trace profonde chez l'enfant et bien souvent le pénètre pour toute la vie. L'habitude de la droiture dans la pensée, dans le raisonnement, dans la parole et dans l'action, l'habitude de dire : je ne sais pas, quand, en effet, on ne sait pas de science sûre, ces habitudes saines et morales qu'on devrait inculquer à l'enfant, ne sont pas favorisées, loin de là, par l'enseignement de la foi, elles sont même fortement contrariées. Combien de malentendus dans la vie privée et dans la vie publique proviennent de cette formation vicieuse de la façon de penser dans l'éducation.

Il importe donc grandement à l'avenir de la société, qu'on en arrive, dans l'enseignement et dans l'éducation, à former l'esprit et à donner la science à la jeunesse selon les principes de vérité et qu'on lui impose, plus encore que le vrai, les moyens de le contrôler. Là sont le devoir et la probité de l'État.

La troisième République l'a compris ainsi et elle agit en conséquence.

Mais cela ne suffit pas.

Cette pensée, inculquée à l'enfant par l'Église, sur l'univers, sur la vie et sur l'homme, pensée telle qu'arrivé à l'âge où l'on réfléchit et où l'on observe pour soi-même, on s'aperçoit que, dans cet ordre de connaissances, on a tout à refaire, tout à rejeter et tout à recommencer, il faut, chez l'enfant, la remplacer par la pensée de science et de vérité que nous appelons la pensée moderne.

Cette déclaration peut, à son tour, paraître insuffisante. Il se peut qu'on nous dise : « Jusqu'à présent vous avez été négateur. Vous vous êtes ingénié à détruire. Puis vous annoncez qu'il faut *remplacer* la pensée moyennâgeuse qu'on inculque à l'enfant par la pensée scientifique moderne. Cette pensée scientifique moderne, quelle est-elle ?

Cette objection ne nous laisse pas indifférent.

Aussi, nous proposons-nous d'essayer, dans la seconde partie de cet ouvrage, d'exposer brièvement l'état actuel de nos connaissances scientifiques sur la terre que nous habitons, sur le monde solaire, sur l'univers, sur le problème de la vie, sur l'homme, et de déduire de la nouvelle façon de penser les notions de morale qui en découlent.

Il y a là une lacune profondément regrettable dans l'enseignement tel qu'il existe encore aujourd'hui en France.

M. Alfred Wallace a écrit :

« Comparés à nos étonnants progrès dans les sciences physiques et leurs applications pratiques, notre système de gouvernement, notre justice administrative, notre éducation nationale et toute notre organisation sociale et morale, sont restés à l'état de barbarie ».

Sans aller aussi loin dans l'expression, on ne peut nier que, faute d'idées suffisantes et justes sur l'univers et la place que nous y occupons, sur notre espèce, au point de vue biologique et physiologique, sur le cerveau et le mécanisme de la pensée, faute de savoir déduire de ces idées leurs conséquences philosophiques, la plupart des hommes ayant des fonctions sociales marquées tels que magistrats, représentants élus, professeurs, médecins même et pères de famille aussi, restent attachés à des croyances dont les acquisitions scientifiques ont clairement démontré l'inanité. Pénétrés par éducation et par hérédité de préjugés et de superstitions surannées, ils ne sauraient envisager leur rôle avec une mentalité faite de vérité et de logique positives ni appropriée aux intérêts véritables de la société et de l'individu.

C'est en vue des connaissances justes, relatives à l'univers en général, à la terre et à l'homme en particulier, que devrait être conçu le catéchisme de l'humanité. Et si l'on consacrait à son enseignement un temps équivalent à celui que l'on sacrifie au catéchisme chrétien, il en résulterait un immense progrès pour l'intelligence commune, pour la droiture du jugement, pour la cause de la vérité et pour celle de la paix sociale.

Puisse ce très modeste ouvrage contribuer, dans une mesure si faible soit-elle, à ces améliorations si désirables.

Mais nous voilà un peu loin de la conférence de M. Ajam. Il y a déjà un moment qu'elle est terminée, pas assez longtemps, cependant, pour que les applaudissements qui ont éclaté à la fin, plus nourris encore que ceux qui avaient salué presque toutes ses périodes, ne retentissent encore à nos oreilles.

M. le président Guillouet termina la séance par l'allocution suivante :

Monsieur le Député,

Les applaudissements chaleureux qui ont accueilli vos paroles vous ont montré, mieux que je ne saurais le dire, combien elles sont allées au cœur de vos auditeurs.

Aussi suis-je certain d'être leur interprète en vous adressant nos vifs remerciements pour votre belle conférence.

Les sentiments élevés que vous avez exprimés avec une chaude éloquence ont affermi les convictions et réconforté les courages pour les luttes de demain.

Au nom de tous, M. le Député, merci.

Messieurs,

M. Ajam ayant bien voulu nous faire l'honneur d'une visite au siège de l'Association, il va s'y rendre dans quelques instants.

Je prie les Membres de l'Association de ne pas s'éloigner et de lui faire escorte pendant le trajet.

Au siège de l'Association, devant un très grand nombre de Sociétaires, M. le Président Guillouet adresse à M. Ajam le discours suivant :

Monsieur le Député,
Messieurs et chers Camarades,

En entrant dans cette salle, le premier devoir du Président de l'Association est d'adresser à M. Ajam les chaleureux remerciements des républicains. Merci, Monsieur le Député, de votre belle conférence dans laquelle vous nous avez magistralement montré ce que doit être une démocratie digne de ce nom ; merci aussi, et tout particulièrement, du grand honneur que vous faites à notre Association par cette visite à notre modeste local.

Nous sommes ici en famille et dans l'intimité, nous pouvons donc nous entretenir librement, à cœur ouvert.

Tous ceux qui vous entourent et vous font fête, Monsieur le Député, parce qu'ils ont vu en vous l'ami sincère et dévoué de la démocratie que vous êtes, sont de bons et fermes républicains.

Et ils ont à cela quelque mérite, car ici la lutte est poussée à un degré d'acharnement qui, je l'imagine, n'est atteint nulle part ailleurs. Le combat que nous avons à soutenir est de tous les instants, il affecte toutes les formes et la réaction met au service de ses rancunes et de ses passions les énormes forces sociales dont elle dispose. Pour elle, le républicain c'est l'ennemi qu'il faut poursuivre et anéantir à tout prix. Les événements n'ont pas modifié le but de ses audacieuses tendances, mais ne pouvant plus exercer son action directrice dans l'État, elle s'efforce, en attendant mieux, à créer un État dans l'État et contre l'État républicain. Sa pression s'exerce avec une implacable rigueur. Comme entre les lacs d'un réseau savamment ourdi, elle enserre l'individu à toutes les époques de sa vie ; elle met la main sur l'enfant dans ses garderies et ses écoles, sur le jeune homme et la jeune fille dans ses patronages et ses réunions de persévérance, sur l'homme fait dans ses cercles, par ses conférences, ses fêtes et attractions de toutes sortes.

Ajoutez à cela l'action persévérante d'une presse locale qui, chaque semaine, dans ses polémiques perfides, déverse l'injure sur tout ce qui porte un nom républicain, qui s'efforce de déconsidérer le parti et ses élus et vous aurez une idée de la situation qui nous est faite. Aussi faut-il vraiment à nos amis le triple airain dont parle le poète pour résister à cette poussée furieuse, pour conserver et professer au grand jour leurs convictions démocratiques, au risque d'être frappés dans leurs intérêts, parfois même dans leur gagne-pain.

A ces vaillants vous avez apporté le réconfort de votre parole entraînante, de votre chaude éloquence. Vous leur avez excellemment montré qu'ils étaient dans la bonne voie, dans la voie du progrès et de l'amélioration sociale et, avec plus d'ardeur encore ils vont continuer la lutte pour hâter l'avènement d'un avenir plus doux à ceux qui peinent, plus miséricordieux à ceux qui souffrent. C'est vers ce lumineux avenir que nous marchons sans crainte ni défaillance, car, qu'importe l'épreuve d'aujourd'hui, si demain est meilleur.

Cet avenir, Messieurs, luira, malgré la réaction..

Quels que soient ses efforts désespérés, le progrès est en marche et rien ne pourra l'arrêter, car il est la loi suprême de l'humanité.

Ayons donc confiance et poursuivons résolument notre route en poussant notre cri de ralliement : Vive la République démocratique.

M. Ajam, reprenant alors la parole, transmit à la réunion le salut amical de M. Chéron, député de Caen et Sous-

Secrétaire d'Etat à la guerre, qui l'avait chargé la veille de cette mission. Puis il intéressa de nouveau ses auditeurs par le récit des luttes républicaines dans la Sarthe.

Le soir, un dîner intime et cordial réunit, autour du conférencier, un certain nombre d'amis.

Puisse M. Ajam avoir emporté de Condé le même bon souvenir qu'il y a laissé et puisse-t-il partager le désir qu'on a de l'y revoir.